张海涛 ◎ 著

王阳明
心学思想研究

九州出版社
JIUZHOUPRESS

图书在版编目（CIP）数据

王阳明心学思想研究 / 张海涛著. — 北京：九州
出版社，2021.8
ISBN 978-7-5225-0275-5

Ⅰ.①王… Ⅱ.①张… Ⅲ.①王守仁(1472-1528)—
心学—研究 Ⅳ.①B248.25

中国版本图书馆CIP数据核字（2021）第136763号

王阳明心学思想研究

作　　者　张海涛　著
责任编辑　姬登杰
出版发行　九州出版社
地　　址　北京市西城区阜外大街甲35号（100037）
发行电话　（010）68992190/3/5/6
网　　址　www.jiuzhoupress.com
印　　刷　天津中印联印务有限公司
开　　本　710毫米×1000毫米　16开
印　　张　17
字　　数　235千字
版　　次　2021年8月第1版
印　　次　2021年8月第1次印刷
书　　号　ISBN 978-7-5225-0275-5
定　　价　59.00元

目 录

第一章

阳明心学渊源

儒　学

儒，在中国古代社会最早指的是祭官，注重自然天象与农耕事务。

从人类发展历史来看，原始部落和奴隶社会时期，人类恐惧什么就会敬奉什么。有了敬奉，就出现祭拜。从考古发掘来看，商周时期已经产生祭天、祭祖活动，但不是现在意义上的祭祀祖先，而是不同国家、部落祭拜不同的偶像。随着社会的发展，祭祀逐步成为权力的象征。

殷商时期人们尊崇的偶像非常多，对祖先的崇拜尤为突出。安阳殷墟出土的甲骨卜辞表明，殷人有较多的、复杂的祭祀活动，多采用人祭，手段非常残忍。至周代，祭祀活动就已形成定制，也为后世的祭祖活动树立了典范，历经千百年而不衰。在《诗经》中，祭祀祖先的诗歌最多，而在祭祀祖先的诗歌中，又以祭祀文王、武王的诗歌为多。初时的祭祖除了死时厚葬及人殉之外，还要定期供奉酒食玉帛，后来发展为烧纸钱供祖先花销。如此代代相传，遂成定习。

原始礼乐的主要功能是敬鬼、事神，由男性巫师来主持。祭祀仍是礼乐的核心。春秋时代，儒者精通宗教礼仪，替人主持祭祀仪式，以此为业，世代相传，与巫师相似。

春秋后期，群雄争霸天下，战争不断。而祭祀活动程序复杂，从准备到祭祀结束少则数天，多则数月，而且花费财物较多，所以祭祀活动受到贵族和统治者的排斥，礼制分崩离析。

孔子是专门负责祭祀及丧葬事务的工作人员、礼学专家，与弟子都曾主持过仪式，对当时已败坏的礼乐制度极为不满，决心改造礼乐传统，为旧有礼乐注入活力，恢复秩序，提倡"君子儒"，期望弟子们勤奋努力，不要再次沦为那种只能为民间的礼仪活动诸如丧葬之类的吹打揖让之事的贱民阶层。这时，儒从礼乐专家逐步转型为知识人。

孔子自视为周礼的守护者，崇拜制礼作乐的周公，要加以效法，寻求礼乐的根本，主张礼乐必须以"仁"为精神核心，仁与礼互相支援互相制约。从哲学角度重新阐释礼乐，标志着儒家精神的开端，使儒家的人文主义超越了巫的传统。

孔子生于鲁国，是没落贵族的后人。在那个礼崩乐坏的时代，孔子为了生计还学了乐、射、御、书，年少时曾担任基层公务员，管理仓库与畜牧。

51岁时，成为鲁国中都宰，升任司空与大司寇。但他不满鲁国当权的季氏三家，于是离开鲁国，游说其他国君采用其学说，带弟子周游列国13年，"知其不可为而为"。

67岁时，返回故乡，整理经书、教授门人。传说孔子有弟子3000人，精通六艺的有72位。孔子提倡学以成人，自称"述而不作"，所以说，孔子一直在编辑书而不曾著书；信而好古，相信上古圣王尧舜时是最美好的时代，所以孔子是一个复古主义者。

73岁时，孔子逝世。回顾孔子的一生，"十有五而志于学，三十而立，四十而不惑，五十而知天命，六十而耳顺，七十而从心所欲，不逾矩"。①

孔夫子（唐朝 吴道子 绘）

---

① 杨伯峻. 论语译注[M]. 北京：中华书局，2018.

孔子的孙子孔伋（子思）的再传弟子孟子，主张仁政和王道，自视为王者之师，指出真君子"富贵不能淫，贫贱不能移，威武不能屈"，这时的儒者已经向道德模范转变。

孟子相信人性本善，能通过自己的努力臻于完美，人人都有恻隐之心、羞恶之心、辞让之心和是非之心，可以培养成仁、义、礼、智四种美德，称为"四端"。人能充分认识"心"，就能了解本性，进一步认识"天"。

荀子是齐国稷下学者中最出色的一位儒者，以博学雄辩著称，倾向于现实主义，认为孟子人性本善之说过于天真乐观，忽略了礼法稳定社会的作用。他强调人性本恶，心却有认知功能，人们自我约束，按礼法行事，并接受教育，就能成为有德之人。他亦提倡仁政和王道，人要学习经书典籍，以及官府的法规，倾向于权威主义，与法家学说有相通之处，其弟子韩非和李斯，都是法家的代表人物，但荀子仍被尊为儒者的典范。

孟、荀二子深化和开拓了儒家思想，充分诠释孔子的人性论与天道观。

战国时代后期，法家与儒家针锋相对，法家批评儒家的仁政，譬喻为慈母的溺爱，导致姑息养奸，纵民为患。

随着环境的转变，儒的职业性能和活动范围发生变化。秦朝时，儒已经和文学和方术士被划为同一类工作人员。

西汉初年，儒生叔孙通为汉高祖制订朝仪，儒家开始广泛影响官员，独尊儒术使儒家成为官方意识形态，五经成为学术与教育的核心。[①]汉朝建立后，为了维护自己的统治和权威，试图通过恢复"礼"即祭祀来巩固政权和树立权威，董仲舒通过融合阴阳、方术等思想，提出"天人感应"说。董仲舒认为，天是至高无上的神，不仅创造了万物，也创造了人，天的主旨在于"大一统"，即皇帝受命于天，各王侯国受命于皇帝，诸臣子又受命于国君，这是从政治上分封出来的等级制。对于家庭来说，儿子要受命于父，妻子要

---

① 孙培青.中国教育史[M].上海：华东师范大学出版社，2019.

受命于夫，这一层层的关系，也是天的意志。董仲舒精心构筑"天人感应"的神学目的，在于将社会秩序化、合理化，为巩固皇权专制统治服务。

董仲舒还研究了阴阳五行说，即用阴阳流转与四时相配，推出东、南、西、北、中和金、木、水、火、土五行的关系，并且说，五行也是天道的表现，分阳尊、阴卑两类，统治者为阳，被统治者为阴，进而推出"三纲五常"。因为"道"是源于天的，所以"天不变，道亦不变"。即，"三纲五常"等维护封建统治的道是永远不变的。汉时的"三纲五常"，仅仅是理论的初级阶段，真正得到确立是在程朱理学兴盛时期。董仲舒创造性地提出了鬼神学说，提出如果不按照天意做就会得到谴责和报应。而祭祀能与神灵沟通，使人看见一般人所看不到的东西，以此通晓天命鬼神之意。董仲舒的思想，对巩固西汉统治、维护大一统的局面起到了积极的作用。

公元前136年，汉武帝设立五经博士。公元前124年，挑选50名"博士弟子"，创立太学。到公元前8年，太学生多达3000人，每年有约100名儒生通过考核成为官员，儒生开始掌管朝廷礼制。

西汉后期，儒家改革宗庙、郊祀等国家祭祀，渗透到公卿阶层，使儒教国教化。

公元58年，所有官学都祭祀孔子。

东汉宦官专权，激起太学生的激烈抗议。公元169年，朝廷监禁和流放数千名太学生及同情他们的官员。

公元175年，经学者讨论后，官方颁布五经的正式版本，刻于石碑，竖立在洛阳。全国士人都研习儒家经典，官学定期举行祭孔大典，孔子受奉若神明，孔庙遍布全国2000多个县。

王肃（195—256年），是三国时期曹魏重臣王朗之子，晋文帝司马昭的岳父。王肃注释的儒家六经是从三国一直到南北朝的官方儒学教材。可见，三国时期虽然战争不断，但是儒学一直在发展。

魏晋时期政治动乱，少数民族进入中原主政，佛道二教兴起，受道家思想影响的士人反对周孔之名教。之后，佛教长期支配中国的思想界与民间信仰。自此，三教鼎立，互相抗衡，儒家失去独尊地位，经学大受冲击。但儒家仍是主流的政治与伦理思想。

南北朝后期及唐代，朝廷一再下诏辩论三教优劣，虽然儒家被视为"治世"之教，与修心的佛教与养生的道教并列，但是儒家的社会地位已经十分低下。

唐代的哲学思想，仍为佛教所垄断。韩愈则提出道统问题，排斥佛教，力求复兴儒学。韩愈在他的道统传承的说法中把孟子说成孔子的继承人，并认为圣人之道在孟子以后失传，使孟子在道统中具有了与孔子同等的地位，这就把孟子的地位大大提高了。①

宋代理学受佛学影响而形成，拓展了先秦儒家传统。宋代许多名臣与士大夫，如范仲淹、王安石、欧阳修、苏轼、司马光都有功于复兴儒家。其中周敦颐、张载、程颢、程颐、朱熹五人，整合个人修身、道德伦理、形而上学与历史哲学，使儒学恢复生机，传承了儒家道统，称为理学。

南宋朱熹追随程颐的理学，确立了中国数百年儒学的面貌，影响不限于中国，扩及朝鲜与日本。朱熹规定了《大学》《论语》《孟子》《中庸》的次序，并合称为"四书"，置于五经之上，并进行了注释。《四书章句集注》汇集了程颐、程颐、张载等宋代大儒的注解，直到清代都是通行本。朱熹主张格物，以心去探知事物根本之理，以实现"仁"。

与朱熹同时代的大儒陆九渊，思想本于《孟子》，主张"立乎其大"，强调与宇宙浑然一体的直观体会，"宇宙便是吾心，吾心即是宇宙"，批评朱熹格物之说支离破碎，曾与朱熹在鹅湖寺辩论，其心学后在明代与日本德川幕府时期一度发扬光大。

自北宋起，附有学田、讲堂和藏书的孔庙，成为遍布全国的官学。通常为地方官员向朝廷申请赐钱或拨款以筹办孔庙，地方士人亦参与其中。

---

① 阎琦，卞孝萱，张清华.韩愈评传[M].南京：南京大学出版社，2011.

元朝首创科举考试以四书为主要内容。朝廷首席学者许衡引进和简化了朱子学，亲自教授蒙古王室子弟。

明朝，科举制是正式的选拔官吏制度，朝廷以官学结合科举制度推行程朱理学。科举考试的内容主要是四书五经，考生必须用八股文作答。所谓股，即对偶之意。八股文萌芽于宋朝，形成于明成化以后。八股取士的制度，使很多的读书人既不通经史，又不谙实际。

明朝是君主专制和中央集权的高峰。王阳明是朱熹以后影响最大的儒者，发展了陆九渊的心学，批评朱子后学过分着重文字细节。他主张知行合一，道德教育植根于"心之本体"，又叫"良知"，即人人皆有的良心，胸怀天地的人，不忘恻隐之心。

清代，中国的儒家化达到顶点。清朝把儒学转变成政治意识形态，把诠释儒学最后真义视作帝王特权。

晚清以来，中国变局前所未有，儒家的中心地位动摇，儒家秩序开始解体。1905年（光绪三十一年），清朝废除科举，割断儒学与利益分配的联系，儒家失去制度上的支持。

儒家，以孔子为先师，为思想领袖；以《周易》《尚书》《诗经》《礼记》《春秋》等书为经典；在思想上形成了仁与礼的一种张力结构；由内圣而外王，通过内体心性成就外王事功之学；注重人与人之间伦理关系，并将之运用到政治实践中，成为指导性的原则。

儒家伦理深植于中国社会中，礼教深入民间，与风俗习惯合流，成为日常生活的规范和准绳。在农村地区，一切人伦关系，从婚丧礼俗到岁时节庆，大体上都遵循儒家规范，而辅之以佛、道二教。

儒家主张以礼法及德治为主，法治为辅，认为法律没有宣扬善的力量，只能消极地禁止人为恶。儒家主张轻徭薄赋，不与民争利，藏富于民，反对过高税收，敦促政府为全民福祉负起全责。儒家反对专制与残暴，主张仁政，推己及人。

儒家把政治权威视为社会秩序的基本条件。儒家的政治理想是内圣外王，相信人性发展到极致就成为"圣王"。尧、舜、禹、汤、周文王等都是儒家认为的圣王。

儒家理想是以道德仁义风化天下，无论人性善恶，都可以通过道德教化，潜移默化，使人心良善知耻。

儒家认为教化对维系社会秩序至为重要，中心价值是仁、诚、恕忠、孝，重视忠恕之道。[①]仁是最基本的美德，靠自我修养达成。儒家的仁指"爱人"，是有亲疏远近差等之爱，合乎人伦常情。仁爱以侍奉父母开始，孝悌为仁之本，孝是做人的基本德行。儒家把所有社会关系化约为五伦，以家庭伦理比喻社群关系，称国君为"君父"，称官员为"父母官"。从本质上看，儒家没有性别平等的观念，过于强调义务，不太讲权利。

儒家具有强烈的入世性格，并不将理想寄托在彼世或彼岸，不摆脱现实生活。要实现自我，儒者必须投入群体，不单求个人的救赎，对家庭、社会、国家甚至整个世界都负有责任。家庭是自我实现的出发点，推而广之，达致修身、齐家、治国、平天下。

儒家经书是四书五经。战国时，已有以诗、书、礼、乐、易、春秋为六经之说。儒家早期以五经为主，在佛教禅宗的挑战下，宋代程朱理学以四书取代五经的地位。明代开始，儒家把诗、书、三礼、易、春秋三传、《论语》《孟子》《孝经》和《尔雅》合称十三经。

五经是《诗经》《尚书》《礼记》《周易》和《春秋》。

《周易》是五经之首，原本是卜筮用书，有64卦和卦爻辞，相传源自伏羲、周文王、周公和孔子，孔子所作传注十篇，称为"十翼"，往往亦视为经文的一部分。《周易》卦辞爻辞据信都关乎道德伦理，是中国思想史上最重要的著作。按照孔子"述而不著"的习惯，"十翼"应该不是孔子所著。

---

① 余英时. 论天人之际：中国古代思想起源试探[M]. 北京：中华书局，2014.

《尚书》又叫《书经》，是中国最早的文献，大多是虞代及三代君臣的诏令或训话，属上古政书与帝王训令的汇编，有道德教训之意。

《诗经》是西周及春秋时代诗歌的汇编，有诗305首，据传是孔子从3000首古诗中选辑而成，但后人考证为是陆续编成的。

《春秋》是公元前722至前481年鲁国的编年史。《礼记》主要是讲礼仪（如婚礼、丧礼、见国君的礼节等）和官员的爵级、职责，官职等，相传是周公编纂。王莽仿效周公改制，特别尊崇《周礼》。宋代开始，部分儒者指出，《周礼》是刘歆伪造的，不可据信。

四书是指《大学》《中庸》《论语》《孟子》，在元明清600年间，对中国人影响最大的经典。

《大学》主旨为：格物、致知、正心、诚意、修身、齐家、治国、平天下。全篇以修身为根本，是儒家"内圣外王"学说的主要文献根据。

《中庸》是子思所作，深究人性，指出"天命之为性"，人性源自天，发而为"情"，而情待发刚发的状态，是为"诚"，人可以通过后天努力而再回复诚。君子之道，以夫妇关系为开端，以"亲亲"之情为根本，推广到极致，与天地一样高远辽阔。朱熹为撰写《中庸章句》，下了一生最大的工夫。

《论语》是孔子的语录，由孔子第二代弟子汇编，是最受尊崇的儒家经书，表现了孔子的人格和言行。

《孟子》主要由孟子讲述，弟子记录，有两大哲理特色：一是性善论，二是讲如何"尽心"。"心"为孟子思想的核心，代替子思《中庸》中的"情"，并把"情"基本理解为情欲，不利于本心的呈现。《孟子》的性善论影响巨大，几乎主导了继后两千年中国人对人性的看法。在汉代，《孟子》一度立为官学，程朱理学承继了孟子的心性学说，提出"存天理，灭人欲"，以去掉欲念。

儒家文化和希腊文化一样，都将是"历史性"的。在强烈的自我认同感下，儒家思想可能成为部分中国人心灵、道德和礼俗生活的一种依托和准则，是文化资源。

佛　教

　　公元前6世纪至公元前5世纪，古代印度社会动荡期，各国之间争霸战争不断，类似中国的春秋战国时代。在此大背景下，释迦牟尼出现了。他出生于古印度北部迦毗罗卫国（今尼泊尔南部提罗拉科特附近）一个王族家庭，为刹帝利种姓。

　　释迦牟尼（前566—前486年），姓乔达摩，名悉达多，悉达多的意思是"吉财""吉祥""一切功德成就"。释迦牟尼是后人对佛陀的尊称，"释迦"是他所属的部族释迦族的名称。按佛教传统，"牟尼"是当时对出家乞食、离欲修道、修行成就者的称谓。"释迦牟尼"可意译为"来自释迦族的修行成就者""释迦族的圣人"。从明朝开始，汉族尊称他为如来佛祖或佛祖，即"佛教之创祖"，简称如来佛，清代时满族人则称之为佛爷。在佛教中，他是世间最尊贵之人，并非神。神属于六道众生中的天众，释迦牟尼佛是已经解脱出离六道轮回的圆满智者。

　　29岁时，他的儿子罗睺罗出生。他在外出巡游时，恰遇老人、病人、死者和修行者，深感人间生老病死的苦恼，经常在阎浮树下沉思，但是不得离苦之道。于是在月夜乘马出家修道，离家出走了。

　　据说，释迦牟尼在苦行林中修苦行了6年。他想通过不吃东西，也就是现在的辟谷，来寻求真理。事实证明，没有合理的饮食，只会让自己的身体受到折磨，苦行未必能达到解脱。于是他开始净身饮食，前往菩提伽耶，坐于菩提树下。依南传大藏经记载，释迦牟尼入四种禅，得三明（三明是指天眼明、宿命明、漏尽明，就是指在阿罗汉圣者身上，天眼、宿命、漏尽三通能够彻底究竟，所以称为明。持戒修行方能成就三明），现观四谛与十二缘起而成无上正等正觉（无上正等正觉是指佛教修行上的最高觉悟、最高感受境界）。释迦牟尼发愿不成正觉，永不起身。直到第七日中的第七夜，天正晓明，瞻望明星而悟道。[1]悟得三明与四谛，证得无上正等正觉，而成为佛陀（意译为"悟道者"，是福慧两足尊，也就是福德和智慧修行圆满者）。

释迦牟尼悟道之后，在鹿野苑开始传道，宣说"四圣谛"（四种神圣的谛，即苦圣谛、苦集圣谛、苦灭圣谛和苦灭道迹圣谛，简称为苦谛、集谛、灭谛和道谛，是佛陀之基本教法。四圣谛包括苦的普遍存在、苦的原因、苦的消灭与灭苦的方法）。此为释迦牟尼传播佛道的开始，也是出家僧团的开端。

80岁时，在今天印度比哈尔邦首府巴特那北边的广严城，释迦牟尼告诉众人，自己将在三个月后般涅槃（意译为圆寂、灭度、寂灭、无为、解脱、自在、安乐、不生不灭等）。不久后，他重病发作（南传记载为痢疾，北传记载为背痛），在拘尸那酰连尼耶跋提河的岸边逝世。他的弟子陆续汇集、整理他一生所讲的广博教法，形成经、律、论"三藏"。在阿育王统治时期，佛教传遍印度全境，并对外传播至斯里兰卡、金地等地。

佛陀在两棵娑罗树间入涅槃

---

[1]　丹尼尔·布尔斯廷. 文明的历史：创造者[M]. 上海：上海译文出版社，2016.

佛教的本意是佛陀的教育，而不是指拜神佛的宗教，看起来更像一种哲理。最原始的佛教概念中，没有明确指出神明的定义，甚至反对迷信，因而后世的佛教尽管有些神话故事与规范，但始终带有一些不可知论的气息。

佛教认为，不应该浪费时间思考对灭苦没帮助的概念。

人生在世，谁也免不了生老病死。这些苦难不会因为人死亡结束，因为人死之后不是彻底消失，仍然会轮回不息。不论在地狱、人间还是天堂，苦总是存在的，只是程度不同罢了。

世间的物质和心理都是变化不定的，这叫作无常。对众生来说，因为于无常败坏法起贪著，则将造成身心的炽燃大苦，因此说无常故苦。

世上没有无因之果，也没有无果之因。有情众生之所以会受苦，在于因无明而于六根触受起爱执，而导致后有生死的纯大苦聚集，这个过程称为十二缘起。

有情众生要想从苦中真正地、彻底地解脱出来，只有脱离轮回这一个办法。为了脱离轮回，必须进行修行。佛陀给出的方法主要为戒、定、慧三学。依八圣道、三十七道品，便可以达到涅槃，从轮回中解脱出来，证得阿罗汉果。

世间万法都依因缘而生，依因缘而存在。世上没有不依靠其他事物而独立存在的东西，任何事物都是因缘合和而成；没有任何事物能够不受其他事物的影响，也没有任何事物能够不影响其他事物；任何事物都有前因，也有后果，而这种因果关系构成了一个无始无终的链条。且依因缘而生之一切，也随着现象的生起，而损耗其赖之生起的因缘，是故世间一切皆无法恒常。

北传佛教认为："诸行无常印，诸法无我印，涅槃寂静印。"意为一切世间法无时不在生住异灭中，过去有的，现在起了变异，现在有的，将来终归于灭。在一切有为无为的诸法中，无有我的实体；所谓我的存在只是想象出来的不合现实的主观概念。灭除一切生死的痛苦，无为安乐，故涅槃是寂静的。

　　佛教将出家众尊称为法师、长老或上座、尊者或圣者、大德。在南传上座部更为常用。中国将出家众称为和尚（本是教授师之意，现已变为僧人的代称）、师父、出家人、僧人、僧侣，或者大师（原指佛陀，后指高僧，现代为俗称，不独用于佛教）、高僧、行者（谓修行人，一般指僧人，在俗居士也可自称）、上人等。在佛道相互吸收影响的过程中，也有僧人自称真人、道人（意为修道之人）等。另有执事和吸收自道教的住持、方丈、监院、知客等教职称呼。在藏传佛教中，也有喇嘛（意为上师）、堪布（教授师的藏译，即等于汉地的和尚本意，一般为寺院住持）、仁波切（宁波车，高僧转世者，不一定是僧人）、达赖、班禅、活佛、瑜伽师、瑜伽士等称呼。汉传佛教自东晋释道安法师起确立了以释迦牟尼佛之"释"字为姓氏的传统，僧人法名前均冠以"释"姓。

　　佛陀过去用刀割断头发出家，他成佛后头顶长了个肉瘤，便蓄有少量的头发用于遮挡肉瘤。佛教认为头发过多会让人热衷打扮，忘记修行要务，故称头发为"烦恼丝"，但一般可以留二指并拢的长度（约3厘米）。在藏传佛教中，由于太阳紫外线极强，一般都蓄有二指长的头发遮挡紫外线。魏晋时期佛教在民间有了更深的普及，中国人皈依佛戒，开始剃发为僧。宋代僧人曾有烫戒疤的习惯，现代已废除，只留有剃发光头这一特征。

　　佛教的袈裟，意译坏色衣、不正色，因佛陀规定袈裟不能染为正色（亮色、纯色）而得名；又称为福田衣、田相衣，以袈裟上的分割方块似田界而得名，又喻众生见福田衣知是出家人，心生欢喜，愿意供养，培植福田。袈裟沿革自印度，故继承了印度传统服装偏袒右肩的样式。

　　佛教重视人类心灵和道德的进步和觉悟。按照佛教的观点，人易沉沦于苦迫之中，并不断地轮转生死，唯有断除无明的人才能出三界离轮回。教徒修习佛教的目的在于追随并实践悉达多所觉悟的四圣谛，看透生命和宇宙的真相，断尽一切烦恼，最终超越生老病死和所有苦结束轮回，得到究竟解脱进入涅槃。

公元12世纪，由于政府的排佛运动和婆罗门教的复兴（即今天所称的印度教），佛教在印度本土绝迹。印度今天的佛教是公元19世纪后期由斯里兰卡重新传入的。佛教通过南、北两条传播途径，现代存在南传上座部佛教、北传大乘佛教两条支脉。其中大乘佛教又分为显宗（汉传佛教的主要内容）和密宗（藏传佛教的主要内容），故也有上座部、汉传佛教（大乘）、藏传佛教（金刚乘）三分法。南传主要为以声闻乘阿罗汉果为最高圣位，北传则追求在未来世成佛，皆称为涅槃。

中国佛教主要包括汉传佛教、藏传佛教。中国云南傣族等地区有上座部佛教。

中国的学术界和佛教界一般认为汉传佛教是在西汉末年、东汉初年时由印度经西域传入中原。根据记载，公元67年（东汉永平十年），汉明帝梦见金人，于是派人去西域，迎来迦叶摩腾与竺法兰两位高僧，并且带来了许多佛像和佛经，用白马驼回首都洛阳。迦叶摩腾和竺法兰起初居住在鸿胪寺，后来移居新建的白马寺。"白马"是为纪念白马驮经；"寺"取"鸿胪寺"之"寺"字。后来，"寺"成了中国佛寺的代名词。因白马寺是中国第一座佛寺、迦叶摩腾和竺法兰翻译的《四十二章经》是中国第一部汉译佛经，所以在中国佛教史上，以汉明帝永平十年作为佛教传入之年。汉传佛教吸收了大量道教仪轨，所以仪式性较强。

中国传统上将供奉佛菩萨、神祇、先祖的宗教场所均称为"寺庙"，甚至有的方言中还有"庙子"的称谓。实际上，佛寺不应该称"寺庙"，因为"寺"专用于佛寺，而"庙"的本意是供奉祖宗先贤，如祖庙、太庙、孔庙，这些庙宇也不该称为"寺"。

藏传佛教始于松赞干布时期，由毗俱底公主自尼泊尔和唐朝文成公主自中原将佛教传入西藏。在赤松德赞时期，印度佛教僧侣寂护将印度佛教及随瑜伽行自续派传入西藏。藏传佛教经过朗达玛灭佛运动后重新振兴，形成了宁玛、噶举、噶当、萨迦、格鲁、觉囊等各派传承。

印度佛教最初传入中国，因文化背景全然不同，故被视为与黄老神仙方术同类，只在少数的王公贵族之间传播。后来，宦官外戚斗争，又经常有自然灾害发生，继而爆发黄巾起义，由于战乱民不聊生；而当时的儒家还停留在经学考据上，没有为建立社会秩序提供理论支撑。平民和士子在长期生活悲苦、心灵困顿之时，佛教的无常及因果观，纾解了他们的情绪，而般若的精深更启迪了他们的思想。所以，到了汉末三国时代，佛教逐渐由上层遍及民间，由少数人逐渐扩展到多数人，弘化地区也由洛阳、长安往南方开展。

自魏至明朝，佛教多为统治者所用，服务于统治阶级。同时，佛教的兴衰，多在于统治者的喜好或者厌恶。北魏太武帝、北周武帝、唐武宗及明朝周世宗先后四次掀起大规模的禁佛、灭佛运动，佛教界称之为"三武一宗之厄"或"三武一宗法难"。

魏晋时期，传统儒学名教解体，名士避世弃儒，投靠老庄。这时以无为本思想成为社会风气，因为老庄其立意渺玄，故称"玄学"或"清谈"。佛教"般若性空"之学无为思想契合，又和儒道的一些观点一致，所以玄谈名士都以"般若性空"来充实自己的学问。佛教在士大夫阶层迅速地传播开来。这个时期，僧人支道林和慧远对佛教的发展作出了重要贡献。支道林著有《圣不辩知论》《即色游玄论》等，创般若学的即色义，主张即色本空。慧远博通六经，尤精老庄。

南梁时期，梁武帝萧衍提倡尊崇佛教，并多次舍身出家。在萧衍发表《断酒肉文》之前，汉传佛教"律中无有断肉法"。萧衍认为，所有佛教僧侣都应该遵守大乘《大般若涅槃经》不吃肉规定，因此颁布《断酒肉文》禁止僧众吃肉，自己也行素食，开启了汉传佛教素食的传统。之后汉传佛教僧团开始遵守梵网经菩萨戒不吃肉。

唐代，佛教主要宗派有天台宗、华严宗、法相宗、净土宗和禅宗。唐代佛教的一大转变是由出世转向入世。天台宗奉《法华经》，故又称为法华宗。华严宗奉《华严经》，参与政治较多。净土宗则易于入门。禅宗分为南北二宗，北宗创立者是神秀，他主张渐悟说。南宗创立者是惠能。唐武宗因崇信道教，对佛教采取高压政策，史称会昌毁佛，使得除禅宗南宗等少数宗派外，其他佛教派别从此一蹶不振。佛教的政治地位虽不及道教，但其传播范围之广、经济实力之大、信徒人数之多都远在唐代道教之上。

宋代，佛教逐渐倾向于生活修行与宗派调和的路线。从弥陀信仰的结社念佛、禅院农林的寺院经济生活，到与儒、道二家的调和及禅、净、教、戒融合的现象，佛教融入了中国文化之中。宋徽宗时期，因其崇信道教而破坏佛教，如烧毁经像，诏令寺院置孔子及老子像，并将道士位次列在僧尼之上等。佛教严重受挫，只剩下禅宗、净土宗、天台宗。禅宗受到士大夫青睐，净土宗在普通民众间流传，天台宗依附在禅宗之下毫无作为。此时的佛教面对儒家和道教的攻击，只能尽力圆融，以减少冲突。

南宋和金朝时期，禅宗大兴，但是佛教经过林灵素的道教化，被民间误认为与道教是一家。此时的禅宗看不起净土宗，认为无须去极乐世界，心净则土净。净土宗则认为禅僧打坐无法了脱三界，斥责禅宗不尊敬佛像，不礼佛，不诵经典。直到明末莲池大师主张禅净结合，两宗争论才结束。

明代，朱元璋对宗教采取抑制和利用兼并的政策，修订佛教、道教的教规法事仪轨。而且每位皇子出世都要剃度一名僧侣；确认三教平分的地位，希望利用佛教、道教等宗教的力量来维护社会秩序，但是严禁僧道参政。此时，禅、净二宗与喇嘛教并行。明朝中期以后，佛教与儒家的日益矛盾尖锐，部分士大夫强烈反对寺院修建并发表辟佛言论。朝廷为救饥荒而有卖牒之举，僧团迅速膨胀，弊端丛生。再加上世宗信奉道教，导致再一次的毁佛事件。[①]

在汉传佛教中，对中国影响最广的是禅宗。

禅宗的"禅"，是梵语"禅那"的简称，原意是心念的专一。禅宗以

---

① 杜继文. 佛教史[M]. 南京：江苏人民出版社，2018.

"不立文字，教外别传，直指人心，见性成佛"著称，此思想乃根源于佛陀在灵鹫山拈花示众，迦叶破颜微笑的典故，成就了"以心传心"的美谈。禅宗认为解脱不在身外，也无须借助经典的指导；解脱之道就在人的内心，只要能够放下执着，放下自我，便是解脱。

传说，禅宗初祖菩提达摩于中国南朝宋时乘商船到达广州，从学于求那跋陀罗，后以四卷《楞伽经》教授弟子。后梁武帝信奉佛法，于是至建康（今江苏南京）与其谈法。不论是建寺、造经、供僧，梁武帝皆不遗余力，因而自认很有功德，却不知这只是累积福报，并非内心的觉悟。达摩一语道破，告诉梁武帝其毫无功德，两人不欢而散。

达摩深知梁武帝无法接受这样的思想，于是离开南方，"一苇渡江"，在河南嵩山少林寺的山洞中面壁九年，等待传人。后传二祖慧可（487—593年）、三祖僧璨（约510—606年）、四祖道信（580—651年）、五祖弘忍（602—675年）、六祖惠能（638—713年）。禅宗前期一直依附律宗，到了唐朝中期才有正式的禅寺。禅宗从达摩始百余年间皆以《楞伽经》相印证，故亦称为楞伽师。道信融和《楞伽经》禅法与《般若经》离言绝相之教，兼以《金刚经》等经为典据，进一步开展出"随心自在"的禅修生活，成为中国禅宗的基本风格。弘忍发展道信倡导的修行与农耕结合，强调于日常生活中持守真心。惠能以文句简单的《金刚经》代替了《楞伽经》，摆脱名相烦琐的思想束缚，而单刀直入求得开悟。

禅宗后来分为神秀、惠能二派。北宗神秀主渐悟说，南宗惠能主顿悟说。南宗因神会的不断努力，逐渐取代了北宗地位，在唐朝中期以后逐渐兴盛。惠能的弟子有菏泽神会、青原行思、南岳怀让三系，后二系更开演为五家七宗，成为中国禅宗的主流。

道　教

道教是中国土生土长的宗教，源于道家。

伊尹是已知最早的道家人物。他是商朝名臣、著名巫师，也是中华厨祖，中国第一个见之于甲骨文记载的教师。殷商时期，国王在处理大小事务之前，都要用甲骨占卜，祈问鬼神，事后将所问之事契刻于甲骨上。甲骨文的内容主要是巫师主持祭祀鬼神、占卜吉凶的相关记录。

春秋战国时期，道家是中国诸子百家中重要的思想学派，以老子、庄子为代表。

老子，姓李名耳，字聃，春秋末期人，生卒年不详，是一个被神化的、谜一样的人物。

公元前516年，周王室发生内乱，王子朝率兵攻下刘公之邑，没有捉到周敬王，就带着周王室典籍逃亡到楚国。老子为藏室之官，蒙受失职之责，弃官离去。

失业后的老子骑着一头青牛，路过函谷关时（今河南洛阳市新安县），被函谷关守关官员尹喜扣留，在尹喜的要求下写下了《道德经》。老子出关后，再也没人见过他。由此看来，他最后接触的人就是尹喜。

佛教传入中国后，创造性地提出，老子当年出关去了古印度北部的迦毗罗卫国。迦毗罗卫国贤圣乔达摩·悉达多闻讯前去向老子求道，后来得老子点化，居然悟道成佛了。等到后来佛教做大之后，开始否认"老子化胡说"，并贬斥道教为"外道"。

战国时期，子思和孟子提倡五行学说，开五行家之先河。邹衍提倡的阴阳五行学说与稷下道家合流，成为汉初所流行的"黄老道家"。严格地说，"黄老道家"不属于正宗的道家。三皇五帝的传说也是在战国时期产生的。

西汉建立后，汉高祖以道家思想治国，减少徭役、赋税，使人民得以休养生息。

公元58—88年，东汉明帝、章帝年间，益州太守、成都人王阜撰《老子圣母碑》，将老子神化为先天地之神物，把老子和道合而为一，视老子为化生天地的神灵。这是道教创世说的雏形。

公元126—144年，汉顺帝时，张道陵在成都尊老子为太上老君，"授以三天正法，命为天师"，创立了正一道（又称天师道、五斗米道）。道书中首次出现"太上老君"的名号。

张道陵以老子的《道德经》为根本经典，将"道"和"德"作为基本信仰，综合传统的鬼神崇拜、神仙思想、阴阳术数、卜筮巫术，并与汉初盛行的以黄帝、老子之名言修道养寿的黄老道思潮融合。

公元147—167年，汉桓帝亲自祭祀老子，视其为仙道之祖。中平元年（公元184年），张角创立了太平道，宣称"苍天已死，黄天当立"，组织民众起事反抗东汉王朝

老子骑牛（台北故宫博物院藏）

（史称"黄巾之乱""黄巾起义"）。

正一道和太平道的出现，标志着道教开始成为有着严密思想体系和组织制度的教团。道教教派也于此时形成，但因派别较多、思想不统一，所以经常互相攻击。

道教与道家是不同的。道家是学说，无宗教形态；道教是宗教，虽奉老子为教主、庄子为祖师，但其主张与老庄思想并不完全一致。[①]

北魏太武帝时期，寇谦之成为封建史上第一位被皇帝承认的天师，道教成为北魏国教。北朝历代皇帝都临坛受道家法箓，道教大行于天下。

唐代，高祖李渊规定"道大佛小，先老后释"，朝廷官员都要修习《道德经》，并且将《道德经》列入科举考试科目。太宗李世民因老子之姓与国姓相同，于是尊封老子为唐室先祖，奉道教为国教，采取措施大力推崇道教，提高道士地位。

元代，全真龙门派祖师丘处机真人以74岁高龄，自山东昆嵛山西游，至中亚会见"一代天骄"成吉思汗，成就了"一言止杀"的历史性创举，被成吉思汗尊称为"神仙"。成吉思汗拜之为国师，掌管天下道教，为全真道的大发展奠定了基础。

明代，太祖朱元璋推崇城隍神和土地神，在全国兴建了成千上万座城隍庙和土地庙。成祖朱棣自诩为真武大帝化身，对全真道士张三丰及其门派极为尊崇。代宗朱祁钰、宪宗朱见深、孝宗朱祐樘都任命道士为礼部尚书。世宗朱厚熜以奉道为首务，宠信道士，热衷方术，爱好青词，道教地位之高一时无两。

洪武十年（1382年），朱元璋设立道录司总理全国道教，并正式罢黜元朝授予龙虎山张氏子孙为"天师"的称号，分全真、正一两种分别管理，标志着道教由官方正式划为全真道、正一道两层次的道教。

---

① 金泽.宗教心理学[M].北京：社会科学文献出版社，2013.

明朝道士张三丰认为道的功用是"修身利人"，儒家"行道济时"，佛家"悟道觉世"，道家"藏道度人"。道家讲修炼仙道，张三丰以修人道为炼仙道的基础，强调只要素行阴德，仁慈悲悯，忠孝信诚，全于人道，离仙道也就自然不远了。他在《大道论》中说："人能修正身心，则真精真神聚其中，大才大德出其中。"

明朝道教最大的特点是世俗化和民间化。陆西星、伍守阳发展了内丹学说，使丹道修炼走向民间。罗梦鸿融通佛道创立罗教（无为教），提出"无生老母，真空家乡"，受其影响的各种民间宗教雨后春笋般出现。

清朝统一全国后接受了佛教，对道教采取了严格的防范和抑制的政策。雍正是唯一优待道教的皇帝。乾隆宣布藏传佛教为国教，将正一教主的品秩由二品降为五品，以后的清朝皇帝对正一派限制不断加强。

清朝中后期，吕祖、妈祖、关帝、文昌、财神等各类民间信仰盛行，各种民间宗教也延续了明末的热潮，义和团、黄天教、红阳教、混元教等教派层出不穷。

道教是一个崇拜诸多神明的多神教，主要宗旨是追求长生不死、得道成仙、济世救人。在修身方面，道教讲究"人天合一""人天相应""无为而治、不言之教"，讲究"虚心实腹""归根复命""深根固柢""长生久视""知足不辱，知止不殆，可以长久""乘天地之正，而御六气之辩，以游无穷"，等等。它也以道为本体统摄了《易》以及阴阳家、儒家、中医及上古方仙道的内容。

"道"是道家思想的核心。道教认为，道是宇宙万物的本原和主宰，无所不在，无所不包，万物都是从道演化而来。而德是道的体现。三清尊神是道最初的人格化显现，也代表了宇宙创生的三个重要过程，即所谓"道生一，一生二，二生三，三生万物"。[1]三清化生出天地宇宙和自然诸神，这些被称

---

① 张岱年，方克立. 中国文化概论[M]. 北京：北京师范大学出版社，2014.

为"先天尊神（天尊）"。

东汉文字学家许慎在其名著《说文解字》中说："道，所行道也。"[1]即是指人走的路。而道家作为一个思想文化流派，其思想核心"道"显然不是这种文字学上的意义所能解释的。

一般说来，道家的"道"具有下列几方面的意义：道是天地万物的本源；道自然而无为；道无形而实存；道具有普遍性，无所不在，无时不在。"无为"，不能理解为无所作为。《淮南子·原道训》："无为为之而合于道。"道家的"无为"，是清静自守之义，是道家以"道"修身所要达到的"合于道"的理想境界。能达到这种理想境界便无所不能为（无为而无不为）。

① 许慎.说文解字[M].上海：上海古籍出版社，2010.

周敦颐

周敦颐最广为人知的作品当属《爱莲说》，文中有名句：

水陆草木之花，可爱者甚蕃。晋陶渊明独爱菊。自李唐来，世人甚爱牡丹。予独爱莲之出淤泥而不染，濯清涟而不妖，中通外直，不蔓不枝，香远益清，亭亭净植，可远观而不可亵玩焉。

周敦颐（1017—1073年），字茂叔，号濂溪先生，北宋道州营道楼田堡（今湖南道县楼田村）人，官至江南东道南康军刑狱，程颢、程颐的老师。在他病逝100多年后，朝廷为推崇儒学、净化社会风气，解除了程颢、程颐等人的书籍禁令，赐周敦颐谥号"元"，所以后人也称他为周元公。"元公"就是告诉后人，自孔子和孟子以后能够明圣道的是从周敦颐开始的。之后，理学被认可和尊崇，周敦颐被称为宋朝儒家理学思想的开山鼻祖。周敦颐和孔子一样，生前不是很出名，没想到身后显达，而且都是因为学生有所作为和推崇而成名。

周敦颐

周敦颐15岁时，父亲去世，只能跟随舅舅郑向生活。郑向在朝中历任多种官职，学识渊博，对历史和易经有独特的见解，精通先秦诸子百家。郑向是周敦颐的启蒙老师。幼时的学习经历，对周敦颐思想的形成和后来做学问方向影响较大。

20岁时，经舅舅郑向推荐，周敦颐荫补将作监主簿，成为一名主管祭物的小吏，虽然级别低，但是也进入了公务员的行列。宋代有"荫补"制度，如果长辈是公务员，在工作中没有重大失职和错误，其子孙或者亲眷也可以进入公务员行列工作。在宋代，通过科举考试进入公务员行列的人被称为"有出身之人"，荫补官员被称为"无出身之人"。荫补官员，特别是文官，升迁有很多限制，所以在仕途上更加艰难。同年，郑向去世。

周敦颐21岁时，母亲去世，他丁忧在家。古代的丁忧，就是父母去世后，子女要守丧，三年内不做官、不婚娶、不赴宴、不应考，其他的事情不受影响。丁忧期间，周敦颐住在江苏丹徒的鹤林寺，结识了范仲淹。

29岁时，周敦颐升任郴县县令。宋朝提倡儒学，重用儒臣，官员俸禄很高。历代官吏俸禄之薄莫过于明朝，历代官吏俸禄之厚莫过于宋朝。宋朝执行高薪养廉制度，读书风气流行。周敦颐在做好本职工作的同时，开始了自己的创办学堂和讲学之路。他一生创办了四家书院：濂山书院、宗濂书院、郴县书堂、濂溪书堂（又叫清溪书院）。大理寺臣程珦，在南安（今江西省大余县南安镇）认识了周敦颐，见他"气貌非常人"，与之交谈，更知其"为学知道"，于是同他结为朋友，并让两个儿子程颢、程颐拜周敦颐为师。

38岁时，周敦颐升任大理寺丞。大理寺丞只有京官其名，可以享受这个头衔的待遇，却没有实职。朝官才是有官名有实职的职务。当时，不是京官出任知县的称"县令"，由京官或有京官头衔出任知县的称为"知县"。同样掌管一个县的政务，但是官衔却有高低之分。

此后，周敦颐虽然调到四川和江西等地工作过，头衔得到升级，但是一生都在州县做官。

46岁时，周敦颐和朋友在今江西省于都县罗田岩游玩时写了一首诗："闻有山岩即去寻，亦路云外入松阳。虽然未是洞中境，且异人间名利心。"同年，周敦颐在这里写下《爱莲说》，也被刻在岩壁上。周敦颐两首诗词的石刻，开创了于都县罗田岩摩崖石刻的先河。此后，罗田岩声誉远播。文官武将、骚人墨客、名家学者，或览胜观景，或瞻仰唱和，历代不衰。千百年来，在当地的悬崖峭壁上，镌有历代名人题刻100余品。

57岁时，周敦颐在江西庐山病逝。

周敦颐留给后人著作并不多，仅存少量诗歌，以及《太极图》《太极图说》《通书》。

周敦颐的《太极图》和我们常见的"阴阳鱼太极图"有很大区别。诸多学者对"阴阳鱼太极图"都有考证，但没有形成定论。所以，对于两者的联系，学界也是莫衷一是。

周敦颐的《太极图》融合了儒家的《周易》和佛教、道教思想，将自己对自然和社会的认识通过图的形式表现出来。从历史上来看，佛家和道家都喜欢用图来表达对某些事物的认识，一方面是局限于自身水平，另一方面是图所表达的内容更丰富。

《太极图说》全文很短，通篇读来，像是在解释《太极图》。

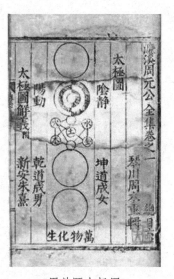

周敦颐太极图

无极而太极。太极动而生阳，动极而静；静而生阴，静极复动。一动一静，互为其根；分阴分阳，两仪立焉。阳变阴合，而生水火木金土。五气顺布，四时行焉。五行，一阴阳也；阴阳，一太极也；太极，本无极也。

五行之生也，各一其性。无极之真，二五之精，妙合而凝。乾道成男，坤道成女，二气交感，化生万物。万物生生，而变化无穷焉。唯人也，得其秀而最灵，形既生矣，神发知矣，五性感动而善恶分，万事出矣。圣人定之以中正仁义而主静，立人极焉。

故圣人与天地合其德，日月合其明，四时合其序，鬼神合其吉凶。君子修之吉，小人悖之凶。故曰："立天之道，曰阴与阳；立地之道，曰柔与刚。立人之道，曰仁与义。"又曰："原始反终，故知死生之说。"大哉易也，斯其至矣。

"无极"是老子的原创词语，"太极"出自《周易》。"太极，本无极也。"按照周敦颐的论述，无极比太极更加接近本原状态，更加接终极。无极就是道，而"立人之道，曰仁与义"。很显然，周敦颐是融合了道家的理论，绕了一大圈论证了儒家的"仁义"，指出"仁义"才是立人之道。

《通书》共2600余字，是一部解《易》的书。周敦颐引用《周易》经文，阐述和论证自己的观点。同时，文中还融合了《中庸》"诚"的思想。

"诚"是周敦颐学说中的重要理念。

周敦颐认为，诚是道德的最高原则，是天道与人道统一的本质属性。诚源于乾元，从天获得。所以从一定意义上说，诚又体现了天道。诚与乾元即浑为一体的太极，故朱熹解释说："诚即所谓太极。"诚是沟通天道与人道的中间环节，奠定了宋明理学由宇宙观到伦理学这种理论的逻辑结构，援天道而入人道。

周敦颐既把诚视作仁、义、礼、智、信诸道德规范的根，又将诚当作以孝、悌、忠、信为核心的一切道德行为的根源，可以说诚集人伦道德之大成，若有了诚，也就具备了所有的人伦道德的基础。正因为如此，周敦颐认为诚是圣人之本。这样，诚又成了人伦道德的理想境界。

他认为，诚心是治国修身的根本。诚，即信，就是真心实意待人处事。

"礼"本身不是客观规律，而是体现人对各种社会关系调整的要求，使万事符合宇宙运行遵循的理。他说："阴阳理而后和。"也就是说只有把关系摆正了，才能协同发展。君臣之间、父子之间、兄弟之间、夫妇之间，相互的关系得到规范和定制，社会才会秩序井然，才能达到治理目标。

章太炎先生在谈及周敦颐的时候说，《太极图说》和《通书》也就是皮相上像儒家，周敦颐的学说很圆滑，不好琢磨，和《老子》一样。

张　载

张载有四句话因言简意宏，历代传颂不衰，被哲学家冯友兰称作"横渠四句"

为天地立心，为生民立命，为往圣继绝学，为万世开太平。

张　载

张载（1020—1077年），字子厚，祖籍河南开封，出生于陕西西安。他的名字取自《周易·坤卦》："厚德载物。"他的祖父张复曾任给事中、集贤院学士等职，他的父张迪曾任涪州（今重庆）知州，后赠尚书督官郎中。张载从小就接受了良好的教育。

张载15岁时，父亲张迪在四川病逝。张载和母亲、弟弟、妹妹运送父亲的尸骨回老家开封。但是，走到陕西省宝鸡市眉县横渠镇的时候，身上的钱已经快花光了，迫于无奈就把父亲葬在横渠镇南面的大振谷迷狐岭上，一家人在此守孝。以后很长一段时间，张载就生活在眉县。所以，后人也称张载为

"横渠先生"。

21岁时，张载怀着侠士英雄梦和一腔报国心，给陕西经略招讨副使兼延州（今延安）知事范仲淹写了封信，表达了自己要投笔从戎的决心和对军事的看法。还没等范仲淹回信，他就跑到延安来请见范仲淹。范仲淹竟然接见了这个热血青年，但是并没有让他参军，而是建议他好好研究一下《中庸》。

在佛教、道教流行的年代，让张载学习《中庸》，就像让现在的年轻人不玩手机不上网，专心学习一样难。以后的日子里，张载不但学习研究了佛教、道教的典籍，而且有机会就去拜访高僧和道教名人。

经过近十年的学习，张载对佛教、道教和儒家的学问已经有非常深刻的研究和自己独到的见解。他认为佛教的生死轮回的说法是不靠谱的，现世为虚妄、为苦也是不积极的表现。

他认为，人是天地之气的聚合。很显然，他汲取了佛家、道家思想，又融合了儒学思维的宋理学的思想形态。

嘉祐二年（1057年），38岁的张载在学术界已经小有名气，曾在开封相国寺设虎皮椅讲《易》。

宋太祖赵匡胤因"陈桥兵变"深刻认识到军权的重要性，于是奉行"文以靖国"这一理念，实行"右文抑武"的基本国策，重用文人治国。

这一年，张载和苏轼兄弟一起考中进士，主考官是欧阳修。张载第一个官职是出任河北安国的司法参军，不久后迁任云岩县令。

49岁时，御史中丞吕公著向宋神宗赵顼推荐张载，称赞张载"学有本原""四方之学者皆宗之"。神宗问政于张载，张载答曰："皆以渐复三代（即夏、商、周）为对。"神宗非常满意，想派他到二府（中书省枢密院）做事。张载认为自己刚调入京都，对朝廷变法了解甚少，请求等一段时间再作计议，后被任命为崇文院校书。王安石执政变法，想得到张载的支持。张载一面赞同政治家应大有作为，一面含蓄地拒绝参与新政的行为，逐渐引起了王安石的反感。张载上奏辞去崇文院校书职务，未获批准，不久被派往浙东明州（今浙江宁波）审理苗振贪污案。

50岁时，张载办毕苗振贪污案回朝。此时，张载之弟、监察御史张戬因反对变法，与王安石发生激烈冲突，被贬至公安县（今湖北江陵）。张载猜测自己会受到株连，于是辞官回到横渠，依靠家中数百亩薄田生活。

张载整日讲学读书，带领学生开展恢复古礼和井田制两项实践。宝鸡市横渠镇、午井镇，以及西安市子午镇至今存有当时的遗迹，流传着"横渠八水验井田"的故事。关学强调的"天序"思想更是渗透到乡规民约中，影响了陕甘冀晋一带的民风民俗。

熙宁十年（1077年），秦凤路（今甘肃天水）守帅吕大防认为张载的学术承继古代圣贤的思想，可以用来复兴古礼、矫正风化，上奏神宗召张载回京任职。此时张载正患肺病，但他不愿错过施行政治理想和主张的机会，便带病入京，被神宗任命为同知太常职务（礼部副职）。有人向朝廷建议实行婚冠丧祭之礼，但礼官认为古今习俗不同，无法实行过去的礼制。唯张载认为可行，并指出反对者的作为"非儒生博士所宜"，因而被孤立，加之病重，不久便辞职西归。

同年，张载行至临潼，于馆舍沐浴就寝，翌日清晨与世长辞，享年58岁，临终时只有一个外甥在身边。

张载一生，两被召晋，三历外仕，著书立说，终身清贫，殁后贫无以殓。长安的学生闻讯赶来，才得以买棺成殓，护柩回到横渠。翰林院学士许诠等奏明朝廷乞加赠恤。神宗下诏按崇文院三馆之职，赐丧事支出"半"数。

张载认为，生在世上，就要尊顺天意，立天、立地、立人，做到诚意、正心、格物、致知、明理、修身、齐家、治国、平天下，努力达到圣贤境界。关学的主旨，集中地体现在横渠四句："为天地立心，为生民立命，为往圣继绝学，为万世开太平。"

张载从天道说起，由《易传》的解释开始，论述宇宙的本体是"气"。

气的本初状态是"太虚"。由于气具有阴阳这种彼此对立的属性，因此永远处于运动状态。气聚则成万物，气散则归于太虚。由此，横渠得出"万物本是同一"的结论。他在《正蒙·干称篇》中把天地、宇宙视为一个大家庭，人应该亲近同类和万物，"民吾同胞，物吾与也"。

张载提出气本论。宇宙和世界的本原，始基是物质还是精神，历来是哲学的最基本的问题，也是每个哲学家必须回答的问题。中国古代哲学家对这个问题的答案，大致可分为两类：一是，认为"心"或"理"为宇宙本原；二是，"气"为本原。张载认为，"气"或"元气"是人和万物产生的最高体系和最初始基。"一气"或"元气"包含了阴阳二气的对立依存、相反相成、升降互变的关系，在这种关系的交互运动中产生了人和万物。可以说，张载是中国古代朴素唯物主义哲学思想史上杰出的代表。

张载继承和发展了古代"太虚"的范畴，并对它加以改造和扬弃，用来表示物质存在的基本形式和物质运动基本状态，提出了"太虚即气""气为本体""气化万物"的唯物主义宇宙观，同时论证了气无生灭的物质永恒论。从张载开始，古人关于物质世界的认识的理论达到了系统化。

张载认为，万物都是由气化而来的，都是气的不同表现形态。不论聚为有象的"有"，还是散为无形的"无"，究其实质都是有，不是"无"，即"太虚即气，则无无"。因为物质的气作为宇宙本体，只有存在形式的不同变化，不是物质本身的消灭和化为无有了，气是永恒存在的。

气的原意是对自然界云气的表述。春秋战国时期，"精气学说"的哲学概念逐步形成，这是"气一元论"（气论）的初步形态。这时的哲学家认为，气是一种物质，是宇宙和天地间万物产生的本元，气的运动变化形成了一切事物和现象的发生、发展和变化。我国的中医全面汲取并应用了"精气学说"理论，认为气是人体生命活动的总根源。

东汉时期，以王充为代表的古代哲学家继承"精气学说"，创立"元气学说"。他们认为，万物产生和生长的基础是元气。总的来看，"元气学说"

是对"精气学说"理论的创新和发展。

张载提出"太虚即气"的学说，认为气是构成万物的实体，气的聚散变化，形成各种事物现象。气的聚散是有规律的，他称这种规律为"理"。张载在肯定前人的理论上，换了一种表述方式，融合了道家的理念，丰富了"气一元论"的内涵。

张载在中国哲学史上第一次建立了比较完整的气一元论哲学体系，开辟了朴素唯物主义哲学的新阶段，是中国哲学史上第一个从思维与存在关系的哲学理论高度批判佛教唯心主义的哲学家。[①]

张载一生主张"实学"，强调经世致用，研究面广泛，对天文、历算、农学等自然科学和军事、政治等都有独到的成果。横渠先生进则为循吏，退则为乡贤，以实际行动在当时历史条件下开拓了儒者担当的新局面。

---

① 刘强. 浅谈张载哲学的历史意义[J]. 唐都学刊，1993（3）：19.

程颢、程颐

程颢（1032—1085年）、程颐（1033—1107年）是北宋理学的开创者，人称二程，也称大程、小程。他俩的学说，以"心传之奥"奠定了道学的基础，更以"理"为最高的哲学范畴，后世称作理学。因为两人长期在洛阳开展学术活动，所以其理论又被称作"洛学"。二程的"存天理，去人欲"的理念，被朱熹所继承和发展，形成了完整的程朱理学体系。程朱理学后来成为官方哲学，影响了中国。

二程出身于名门望族。宋朝开国时，他们的高祖程羽就受到宋太祖赵匡胤的重用。太祖去世后，程羽又受到太宗赵光义、真宗赵恒的重用，官至礼部尚书，赐第京师。二程祖父程遹官至吏部尚书，父亲程珦连续做了几十年的中央和地方官，官至太中大夫，到了暮年才因老病退。

周敦颐曾经做过二程的老师。周敦颐年纪尚轻时，任南安军司理参军，还没有名气。程珦与周敦颐相识后，对他的学识大加赞赏，于是命二子受学于周敦颐。

周敦颐教授二程近一年的时间，教授的内容是"孔颜乐处"，让二程寻求孔子、颜回之所乐，即安贫乐道之理。

二程的祖母张氏是理学家张载之姑，二程的学说受张载影响很深。大程活泼自然，小程严肃刚正，甚至不通人情，实为后世所见的"道学脸孔"。

程颢比程颐大一岁，字伯淳，号明道，世称明道先生，北宋洛城伊川人，出生于湖北黄安县（今湖北省红安县二程镇）。

25岁，程颢进士及第，同年中有张载、苏轼、苏辙、曾巩等。此时他在学术圈已小有名气。

26岁，出任鄠县主簿，后调任江宁府上元县主簿。因上元县县令被罢职，程颢遂代行县令之职。

32岁，程颢出任泽州晋城县令。

37岁，程颢被御史中丞吕公著推荐擢升为太子中允，权监察御史里行。

程　颢

熙宁二年（1069年），宋神宗任命王安石为参知政事，推行新法。程颢对新法有非议，曾上《谏新法疏》。神宗没有理睬。程颢又上《再上疏》，要求停止新法，仍没有回应。此事不但惹得神宗不高兴，程颢也因为自己的建议不被重视而不高兴。

后来，程颢以侍奉父亲、与家人团聚为由，向朝廷提出辞职回洛阳的请求。他的要求获准。程颢在洛阳闲居一年多。在这段时间内，程颢和文彦博、司马光、吕公著、邵雍等人关系密切，彼此之间常有诗文酬答。

此后，程颢被授予太常丞之职。这是一个掌管宗庙礼仪的职务。直到这时，程颢依然没有放弃对王安石新法的反对立场，又一次上疏神宗，要求取消新法。神宗甚为不满，先将程颢调任扶沟县令，后又调任奉议郎。数月之后，奉议郎之职又被罢免。这样，程颢请求在洛阳附近安排一个职务，理由是父亲年纪大了，自己要尽人子之责。之后，被任命为汝州酒官。从此，他长期住在洛阳，广揽门徒，从事讲学活动。

元丰八年（1085年），宋神宗去世，12岁的赵煦即位，是为哲宗。朝政大权落于太皇太后高氏（宋英宗皇后）手中。因高氏不赞成王安石变法，对新党亦无好感，所以启用司马光、吕公著等旧臣。司马光上台后，排除新党人物，几乎废除了所有的新法。

元祐元年（1086年），司马光一上台，立即想到了时为汝州酒官的程颢，提拔他为宗正寺丞。但此时程颢已重病缠身，当年六月十五日即与世长辞。享年54岁。

嘉定十三年（1220年），赐谥程颢为"纯"；淳祐元年（1241年），追封程颢为"河南伯"。

程颐生于明道二年（1033年），字正叔，世称伊川先生。与哥哥一样，程颐自幼聪慧，有教养，"幼有高识，非礼勿动"。

33岁时，吕公著上奏推举程颐，说他"洞经术，通古今治乱之要，实有经世济物之才"，"使在朝廷，迟有国器"。而程颐"自以为学不足，不愿仕也"。

宋神宗在位的17年中，程颐一直没有出仕。这一状况可能出于以下两个原因：一是神宗起用的多为新官吏，程颐耻于与这些人为伍，和新党划清界限；二是新党对他顾忌甚深，将他排斥在政权之外。

53岁，程颐至京师任秘书省校书郎，还兼着崇政殿说书。"崇政殿说书"这一职务并无实权，但是皇帝老师这一职责却非常之重。

程颐

程颐以端肃出名，不苟言笑，在很多方面惹得赵煦不开心。宋时惯例，为皇上健康着想，暑伏期间不读书。程颐却认为不读书是不可以的。赵煦知道大热的天先生还让他读书，当然感到不满。

在此期间，程颐参与了修改太学章程的任务。程颐企图用儒学即理学思想全面改造太学，提出的修改意见有全盘否定原章程之嫌，这使原来主持太学的官员感到十分难堪。时为礼部尚书的胡宗愈以祖宗之法不可变为由，坚持一切照旧，并且有意将程颐驱逐出朝廷。

有一次，轮到程颐为赵煦讲书。他得知赵煦因患疮疹已好几天没上朝问政，牛脾气来了，说了些不该说的话，引发众怒。谏议大夫孔文仲第一个发难，弹劾程颐。

程颐对文学和文学之士的持鄙视态度，引起苏轼的不快。苏轼一向恃才傲物，即使像王安石这样的文学大家，他也不放在眼里。

司马光过世，刚结束明堂祭祀大典的群臣欲往吊丧，但程颐认为不合孔子"于是日，哭则不歌"的规矩，阻止群臣去吊丧。苏轼嘲笑程颐是腐儒，由此事起，苏轼、程颐两人结怨。

苏轼觉得程颐迂腐，常常开他玩笑。一次国家忌日，程颐要求群臣吃素，苏轼不但不愿意，还要求秦观、黄庭坚等人一起吃肉，完全不给程颐面子。

苏轼对于程颐这样言必称孔孟，文章欠文采，行为又迂腐的道学家十分鄙视。新党执政期间，双方都反对新党，彼此的分歧被掩盖。新党失势，原先的对手已不复存在，彼此便对立加剧。苏轼上疏参与弹劾程颐。太皇太后对程颐已经大为不快，加上大臣纷纷上疏，要求将程颐逐出朝廷，程颐的命运就可想而知了。

54岁，程颐被赶出京师，命回洛阳为勾西京国子监，这相当于太学分校的管理官员。这次被贬，出乎程颐的意料。他不想赴西京国子监就职，曾几次上疏，要求还归田里。但他的请求最终都未获准，只好勉强赴洛阳就职。

太皇太后高氏去世后，旧派失去了政治靠山。新党对宋哲宗施加影响，以至于哲宗亲政后，表示要继承神宗事业，改元绍圣。新党重新上台，援引旧党之例，把旧党赶下台，并且也不准他们的子弟入仕。有人弹劾程颐是司马光等人推荐得名，应列为奸党。于是程颐被削职为民，放归田里，时年

64岁。

70岁，程颐第二次被责令"禁学"。这期间，程颐研究的主要方向是理的普遍性问题。他得出结论："凡眼前无非是物，物物皆有理。"程颐对儒家经典也进行了深入钻研，著有《论语解》《孟子解》《改正大学》《春秋传》《书传》《诗传》等。《周易程氏传》加上上述著作，构成了程颐完整的理学体系。

75岁，程颐病逝。当时党禁未除，程颐受"编管"，葬礼气氛颇为凄凉。

嘉定十三年（1220年），赐谥程颐为"正"；淳祐元年（1241年），追封程颐为"伊川伯"。

至顺元年（1330年），诏加封程颢为"豫国公"，程颐为"洛国公"。

二程的学说有"二程学派""二程儒学"之称，在哲学上发挥了孟子至周敦颐的性理学，建立了以"天理"为核心的理学体系。二程在学术上提出的最重要的命题是"万物皆只是一个天理"，二程认为阳阴二气和五行只是"理"或"天理"创生万物的材料。

从二程开始，"理"或"天理"被作为中国哲学的最高范畴使用，亦即被作为世界的本体。二程而且提出人类社会的制度及与之相适应的社会道德规范，也都是"理"在人间社会的具体表现形态。

二程的人性论，在祖述子思、孟子学派性善论的基础上又进一步深化了，回答了性为什么至善、为什么会产生恶的因素等一系列问题。二程认为，人性有"天命之性"和"气质之性"的区别：前者是天理在人性中的体现，未受任何损害和扭曲，因而是至善无疵的；后者则气化而生的，不可避免地受到"气"的侵蚀，产生弊端，因而具有恶的因素。

程颢提出"天者理也"和"只心便是天，尽之便知性"的说法。他把"理"视为宇宙的本原。就天道来说，程颢形容它是"生"，谓世界生生不已。程颢认为，为学以"识仁"为主。《识仁篇》提到"仁者浑然与物同体，义礼智信皆仁也。识得此理，以诚敬存之而已，不须防检，不须穷索"，《定性书》则说"夫天地之常,以其心普万物而无心,圣人之常,以其情顺万物而无情。故君子之学,莫若廓然大公,物来顺应"。

"仁"是儒学的核心,"理"是二程理学的核心。孔子所提出的"仁"内容很多,但一般认为有成就,取得了一定的社会地位;具有一定的德性,取得了社会的承认是仁的核心。孟子认为"仁"是人的"不忍之心"发展的一种结果,或者说"仁"是人内心境界的一种自然反映。二程在继承孔孟"仁"的理论的基础之上,对"仁"进行了理论创新。"仁者,以天下万物为一体""万物皆是一个天理""一物之理即万物之理"等这些命题,实际上是将作为伦理道德范畴的"仁",升华到了哲学本体论的高度。

在二程学说中,天理具有头等重要的地位,并贯穿于学说的始终。他们认为理或天理是世界根源。有理才有物,才有事,才有用,世界上的一多物都是从理"这里出去"的。天地间万事万物包括人类,都是理派生出来的。他们认为世界上的一切事物和现象都可以从理这里得到最为完满的准确的说明。他们以理为核心,论述了理与气、理与象、道与器等一系列的基本问题。

二程认为,每个事物都有自己的准则,这就是理。人们唯有严格按照事物的准则行动,方能取得事业的成功。"理"是事物发展的"莫之为而为,莫之致而致"的说法,意思是说人在主观上不想这样做,而在行动上自然而然地这样做了;主观上不希望达到某一境界,却自然而然地达到了这一境界,这就是天理。

理不只是具事物的规律或原因,而且是天地万物的共同准则。同时,万物总有一理,万物又各有其理。"万物皆是一理,至如一物一事,虽小,皆有是理。"从每一具体事物上看,此物之理不同于彼物之理,万物确有"万殊"之区别,然而从理的角度去考察,天地万物之理只有一个,即所有的事物所具有的理都是相同的,"则无二致",所以"一物之理即万物之里"。二程的这一观点为后来的朱熹所发挥。

理不仅是自然界的最高准则，也是人类社会的最高准则，"礼即是理也"。封建等级制度就是天理，对此应该顺而不违。

程颐提出了"天人本无二"的命题。他说："天人本无二，不必言合。"又说："天人无间断。"这里说的"天"是客观世界的统称，"人"是指主观自我。程颢认为客观和主观本来就没有区别，是一回事，故而没有必要说天与人合，因为一说到"合"，就意味着天与人是两个不同的"本"物，而不是同为"一本"了。

程颢认为天地是以万物之心为心，它本身没有心，因此万物之心就是天地之心，而"己心"又是与万物之心相通的。至此，"己心"成为天地之心也就理所当然了。明代"心学"派主要代表人物王阳明把程颢《定性书》中的"动亦定，静亦定，无内外，无将迎"一段话奉为经典。

在格物致知方面，程颢认为"致知在格物。格，至也。或以格为止物，是本矣"，"格犹穷也，物犹理也，犹曰穷其理而已也。穷其理然后足以致之，不穷则不能致也。格物者适道之始，欲思格物，则固已近道矣"。

二程这里的"物"不单纯是指客观事物，同时又指理或事。二程认为格物要与物合二为一。

凡物都有理，在一事上穷得其理，"其他可以类推"，不必一一穷尽天下之理，但又必须有一个涵养积累的过程，故而仅仅格一物之理是不行的。程颐说："人要明理，若止一物上明之，亦未济事，须是集众理，然后脱然自有悟处。于物上理会也得，不理会也得。"[①]强调"格物亦须积累涵养"，指望格一物便可通悟万物之理，这是不切实际的想法。穷理"须是遍求"，今日格一件，明日格一件，积累一多，就会豁然贯通。要求得广博，就必须多识，"人之多闻识，却似物，须要博识，是所切用也"，"多识于鸟兽草木之名，所以明理也"。

---

① 程颢，程颐. 二程遗书[M]. 上海：上海古籍出版社，2020.

格物穷理的最高目的是"只明人理"。只要自觉履行子孝父慈之类的道德准则，就达到知的最高境界——至善。程颢认为穷理必须"于君臣父子兄弟朋友夫妇上求"。

二程在论述格物穷理的同突出地宣扬"良知良能"说。"良知良能"说是孟子最早提出来的，他说："人之所不学而能者，其良能也，所不虑而知者，其良知也。"孟子认为人的知识才能是先天生成的，内心所固有的。

二程（尤以程颢为著）继承和发挥了孟子的"良知良能"说，使之成为认识论的一个重要组成部分，这对于后来陆王心学的"致良知"说的形成和发展产生了极为重要的影响。程颢说："良知良能，皆无所由，乃出于天，不系于人。"这就是说，一个人的知识才来自天赋，它与人的后天努力完全无关。

程颐说："万物皆有良能，如每常禽鸟中，做得窠子，极有巧妙处，是他良能，不待学也。"[1]他企图以动物的本能证明人先天具有所谓的良知良能，恰恰证明了他们混淆了本能和才能概念。诚然，良知良能有时作本能来解释，但更主要的是作为人的认识才能运用的。

在接触事物的过程中，不要自作聪明，也不要把自己的私心杂念掺和其中，而让内心的良知良能对事物作出自发的反应，按照事物的本来面貌作出判断，这便是"物各付物"，或者叫作"以物待物"。一旦意诚心正，排除了私心杂念，良知良能就可恢复，对事物的"知"也就在其中了。

"心"在和外物接触的过程中，可能会为外物所迷，使良知良能受到蒙蔽。但是这并不意味着人应该避免和外物接触，要求人心不交感万物事实上是不可能的。

要避免内心为外物所迁，问题不在于要不要和外物交感和思虑，而是要"固在心志"，使心与理保持一致而"有主"，这样心就不会"二用"。不为他

---

① 程颢，程颐. 二程遗书[M]. 上海：上海古籍出版社，2020.

事所夺，也就不能外物所迷了。

程颐认为理与心是一回事，两者没有任何区别。如前所说，理是永恒的，因而心是不生不灭的，正所谓"尧舜知他几千年，其心至今在"。理既是一物之理，又是万物之理；同样的逻辑，心也既是一人之心，又是天地之心。

二程强烈反对科举取士制度，他们认为科举取士不仅被选的人数少，而且所选拔的只是一些无实际才能的"博闻强记之士"。要保证贤能之士心甘情愿地为朝廷所用，朝廷首先要以厚禄养贤，在政治上予以充分的信任。

"存天理，灭人欲"是二程伦理道德观的核心。他们坚决反对"理存乎欲"的观点，主张"存理灭欲"，同时也部分汲取了"以理节欲"的见解，形成了他们特有的理欲观。

二程认为绝对禁止"民之欲"是不可能的。圣人制定那么多的礼仪、威仪，并不是为了禁止"民之欲"，而是为了防止人们无休止地膨胀自己的物欲，止其奢侈生活，使"民之欲"纳入合"理"的轨道。

程颢认为："以富贵为贤者不欲，却反人情。"圣贤们也想富贵，那种为圣贤就不稀罕富贵的观点，是违反人之常情的。相传孔子得意的门徒颜回生活清贫，然而不改初衷，从而得到孔子的夸奖。颜回处于贫困的境遇中仍然很快乐，乃是另有原因，并不是为着"一箪食，一瓢饮，在陋巷"的贫困生活而快乐，贫困本身没有什么可乐的。

程颐也认为："颜子箪瓢，非乐也，忘也。"颜回并不是真的认为"一箪食，一瓢饮"的贫困生活是快乐的，而是因为有其他追求，所以忽略了生活的窘迫。程颐说的人欲，并不是指人们为了延续生存而要求的物质条件的欲望，而是"将自家躯壳上头起意"的自私欲望和追求。正是鉴于这种认识，二程并不笼统地主张禁绝民欲。

二程认为人欲出于私心，天理出于道心。"人心私欲，故危殆。道心天理，故精微。灭私欲则天理明矣。"人心和道心处于尖锐对立的状态中，不言而喻，人欲和天理是对立的。所以，他们提出了"存天理，灭人欲"的理念。①人不免有自私之心，有私心就要追逐外物以求奉养，所以要"窒欲""灭欲"。

如果人一心想求富贵，以富贵为人生唯一追求，就会出现获得富贵则"骄纵"，失去富贵便"悲愁"的现象，因此要求"自家身与心"和天理保持一致，自居清贫，做到"寡欲"以致"无欲"的程度。所以，人不能志于富贵。一个人对外物一无所求，自己的身与心不会被外物所诱惑，天理就不会丧失了。

二程认为要以礼教约束自己。程颐说："视听言动，非理不为，即是礼，礼即是理也。不是天理，便是私欲。人虽意于为善，亦是非礼。无人欲即皆天理。"只要一切行动都按照礼的要求去进行，自然便克服了人欲。

遵循礼，应该是自愿的，不能有半点勉强。只要有一点有意为之，就不是纯粹的天理了。与此同时，还必须经常反省自己有无与礼相悖逆的地方。如果有，应该及时反思、改正。

人之所以有欲，主要是因为自私。人欲就是自私，而天理就是公。人欲和天理是对立的，私与公也是对立的。自私就会灭公，大公则去自私，公私不可兼顾。

人不能无利，无利人就不能生存。程颐说："人无利，直是生不得，安得无利？"故圣贤亦要利。二程认为人虽然不能无利，但一定要做到不以利妨义。

程颐主张妇女"从一而终"、压抑"人欲"。有人问程颐："寡妇贫苦无依，能不能再嫁？"程颐答道："绝对不能，有些人怕冻死饿死，才用饥寒作为借口。要知道，饿死事小，失节事大。"朱熹也同意这样的说法："昔伊川先生尝论此事，以为饿死事小，失节事大。自世俗观之，诚为迂阔；然自

---

① 叶赋桂.中国古典人生价值论——从人生价值论中国文化和历史[J].人文杂志，2000（2）.

知经识理之君子观之，当有以知其不可易也。"

二程充分认识到教育对于巩固政权有不可忽视的作用。天下不治、风俗不美、才能不足，主要是缺乏良好的教育，要扭转这个局面，朝廷必须崇尚教育。二程把教育作为"万世行之"的"王化之本"，认为只要坚持以"道德仁义教育之"，人们就会受其熏陶，对现存的政权必矢志不渝地加以维护，从而进一步巩固封建王朝的统治。这也就是二程希望朝廷崇尚教育的根本原因所在。

二程对《易》的评价很高，"尽天理，斯谓之《易》。"学者要真正理解了《易》的道理，便得益匪浅，且"学《易》可以无大过差"，可以避免许多失误之处。学《易》于"人人有用"。"圣人自有圣人用，贤人贤人用，众人自有众人用，学者自有学者用，君有君用，臣有臣用，无所不通。"这就是说，人们结合本身所处的客观环境、社会地位和其他一些特点学习《易》，就会无所不通。

在儒家所有的经典之中，程颐一生用力最多的当推《周易》。在涪州编管期间，程颐历时13年，撰写《周易程氏传》。书成之后，他一再表示"只说得七分，后人更须自体究"。程颐认为孔子之后，再也没有人能真正读懂和理解《易》。

程颢、程颐、张载、邵雍、司马光、周敦颐六人，被朱熹合称为"北宋六先生"。二程儒学后来由朱熹发扬光大，在明朝成为官学。

陆九渊

宇宙是吾心，吾心便是宇宙。

陆九渊

陆九渊（1139—1193年），字子静，号象山，江西金溪人。南宋著名哲学家，心学学派的创始人。因书斋名"存"，世称存斋先生。又因讲学于象山书院，被称为"象山先生"，学者常称其为"陆象山"。

陆九渊祖先可追溯到春秋战国时期。春秋时期，陈国公子妫完（敬仲）有罪于陈国，逃亡到齐国，齐桓公封妫完于田，从此改为田氏。后来田氏篡夺了齐国的最高领导权，齐宣王封田通于平原般县陆乡（今山东平原县），这一支田氏始以封地"陆"为姓。陆通的曾孙陆烈，汉代初年做过吴国县，陆烈的第三十九世孙陆希声做过唐昭宗的宰相。陆希声的孙子陆德迁为了躲避战乱，举家搬迁到江南金溪青田里。陆德迁搬到青田里后置田产、做生意、兴家业，为金溪陆氏之祖。直到陆九渊的父亲陆贺，从未有入仕做官的，可谓家道中落。

陆氏家族却罕见地保持着"义居家族"的风尚。所谓"义居家族"，就是族人一个灶吃饭，财产共有，有自己的一套礼节和秩序，即"聚族义居，钟鸣鼎食，义不分财，诗礼传家"。陆氏家族有一百余人，陆氏家族在财富上虽不显赫，但却远近闻名。

1139年（绍兴九年），陆九渊出生在江西省金溪县青田村，因母亲奶水不足，由嫂嫂哺养长大。

6岁，虽然是少年，但已经稳重老成，天生聪明，被人们誉为神童。少年时就能奇解《论语》，对二程的著作和《易经》有独到的见解。

18岁，陆九渊得到张禹锡的授学。张禹锡是陆九渊的表姐夫，乃"天师世家"的后人，常住龙虎山。陆九渊常往龙虎山并求教于张禹锡。其间，看到了奇书《心学》，并受张禹锡传授《心说》。陆九渊因此与龙虎山结下不解之缘，晚年在此讲学。

23岁，陆九渊在参加乡试前拜访了官员李浩，受其指点认识到在选籍方面，京都注籍、诗家经赋都已有很多人选，只有《周礼》一科无人报名。陆九渊和侄子焕之选《礼记》并报上去注籍，考上了秀才。当然，这也跟他的苦读和聪明才智分不开。

33岁，陆九渊在参加省试前跟随陆九龄拜见了吕祖谦①。这一届省试的主考官是吕祖谦、赵汝愚、尤袤。评卷之日，吕祖谦读到一份卷子大加称赞，这就是陆九渊的文章。省试出榜，九渊如愿金榜题名，成为贡士。但是，陆九渊殿试没考好，只得了个"赐同进士出"。

35岁，陆九渊奉命赴部调官，职位是靖安县主簿，但不能立即上任，需要等候。事实上，他始终未能上任。

42岁，陆九渊来到南康（今江西星子县）。朱熹听说陆九渊来访，很是高兴，陪陆九渊坐船游览。随后，朱熹请陆九渊在白鹿洞书院做了一次讲演。

---

① 吕祖谦（1137—1181年），字伯恭，史称东莱先生，浙江金华人，与湖南的张栻、福建的朱熹并称"东南三贤"。吕祖谦不仅在儒林中拥有很高的威望，在官场上也拥有显赫的地位。

陆九渊讲演的题目是《论语》中的"君子喻于义，小人喻于利"。陆九渊说，孔子所讲"君子喻于义，小人喻于利"，就是用来判别怎样才算君子，怎样才算小人的。判断一个人，要看他的志向。如果他的志向是"道义"，那么他学习的目的也是领悟道义、坚守道义；如果他的志向不是"道义"，而是"利欲"，那么他学习的目的就是为了谋取私利。因此，我们不能不对求学的人的志向加以分辨。比如，当今许多"名儒巨公"都是经由科举考试选拔出来的。但是，科举考试的成败一方面与考试技巧和能力有关，另一方面则与主考官的好恶有着密切的关联，所以科举考试的成功并不能成为判别君子、小人的标准。

什么可以成为判别参加科举考试的学者或君子或小人的标准呢？

当今的学者，大都沉迷于科举试而不能自拔，他们读的虽然是圣贤的书，但他们的志向却不是圣贤书中的道理，而是高官厚禄、荣华富贵。像这种人，日后做了官就会以官的大小、俸禄的厚薄作为追求的目标，怎么可能全心致力于国家大事呢？怎么可能不辜负他的职位呢？怎么可能不是小人呢？

相反，如果参加科举考试的学者、士人以道义为志向，那么，他的文章所述都是他平日里的思考，他心中所想光明透彻而与圣人无违。根据这种志向做官的人，都能尽职尽力、勤于公事，心系于国家和人民，从不考虑个人的得失。这种人必定是君子。

陆九渊的讲演，感动了听众，有的人甚至热泪盈眶。朱熹对他的讲演评价很高，并为此讲稿写了跋。

45岁，陆九渊在敕局春祀祚德庙为献官。这一时期，朱熹在南康上疏时得罪了皇帝，恰逢浙东发生大饥荒，宰相王淮便乘机"奏改熹提举浙东常平茶盐公事"。[①]陆九渊得知这件事之后，为朱熹打抱不平，认为朱熹是以民为

---

① 陈振.宋史[M].上海：上海人民出版社，2017.

心的官员，不该受到这样的处罚。

47岁，陆九渊突然接到消息，他将升为"宣义郎"，几天后又得知消息不确切，空欢喜一场。后又得旨，奉祠主管台州崇道观。这是一个闲职，但俸禄分文不减。这时，陆九渊开始讲学。

由于求学者越来越多，陆九渊的学生彭世昌与朋友商量，在应天山建筑房屋，取名"象山精舍"。因为这座山形看上去宛如大象，所以取名"象山"。九渊遂自称"象山居士"。陆九渊讲学五年，从学者难以计数。

讲学之余，陆九渊喜欢读书冥思、抚琴哼唱。天气好时，漫步山中观看瀑布，有时则登高望远，咏诵经训，或作楚辞及古诗文，雍容淡雅，张弛自如。即使是盛夏时节，衣服帽子也穿戴得整整齐齐。

50岁，在宰相周必大的推荐下，陆九渊任荆门军。51岁赴任，这也是陆九渊做得最大的官。

54岁，陆九渊在荆门逝世。

陆九渊虽然没有做过大官，政绩也谈不上有多显赫，但在学问上却是名副其实的一代宗师。他不仅到处讲学，建办书院，而且创造了诸多独特的教学方法，培养了大批出色的弟子。这无论是对他自己思想的传播，还是对儒家思想的弘扬都产生了积极作用。

陆九渊不能接受的是，有人说他的学问是禅学。朱熹常常讥讽陆九渊的学问为禅学，虽然陆九渊也反唇相讥，指出朱子不过是五十步笑百步，但其内心还是比较在意这个问题。他在不同场合多次声明心学与禅学毫无关联。

宋朝儒者，多数出入佛老，陆九渊也不例外。

有一次，孝宗皇帝指出九渊奏书中"自秦汉而下，无人主知道"一句有禅意。陆九渊的反应极为激烈。他说，我不愿接受皇上的评论，我所主张的"道"与禅宗没有任何关系，我主张的"道"是百姓的日常生计，是政府的文治教化，与禅没有关联。陆九渊这种激动的表现，表明了他十分介意自己的学说被归入禅宗。

朱熹曾说："陆子静之学，自是胸中无奈许多禅何。"

陆九渊反问朱熹："尊兄两下说无说有，不知漏泄得多少。如所谓太极真体不传之秘，无物之前，阴阳外，不属有无，不落方体，迥幽常情，超出方外等语，莫是曾学禅宗所得如此？"

陆九渊哲学思想的核心是"心本论"。所谓"心本论"，即言"心"是万物之本体，万物皆由"心"生。这个"心"是道心，是理，是仁、义、礼、智，是"耻得其所"，而不是"人心"。因此，陆九渊认为，一个人能把持"本心"、挺立"本心"，也就是"人心"归正，那么，其社会作为自然符合德性，其政治实践自然也依德而行。

陆九渊认为，儒学是崇尚道义轻视私利的，尚义轻利是儒学思想的主旨之一。儒家思想的特质是公、是义。然而，佛教与此不同，佛家认为世界万物都是虚幻不实的，而人的生死异灭就是苦海，因而提出"六道轮回"之说，希望超脱生死。所以，佛教的特质是自私自利。他批评佛家之法是只了一身之法，不是理世事之法，而儒家主张"宇宙间的事就是自己的事"，对天下事无所不管。因此，由立教动机、目标和内容看，儒学是追求公义，而佛教是追求私利。

佛教是厌恶现世人生，并把它当作幻妄和苦，从而逃匿山林，对天下事漠不关心，对民众生活质量的提毫无责任，主张出世离家。

《金刚经》《楞伽经》《楞严经》等讲的是"万法皆空""物无自性""万象唯心所造"等佛理，消极地对待俗世人生，谓之出世之学。

在陆九渊看来，入世、经世、有为，是儒学的根本特征，虽然儒学也不乏无声、无臭、无方、无体之妙，但仍然以经世为事业，以济世为使命。佛教虽然说普度众生，却出家离世，完全不将经世当成一回事，它怎么可能在世地、积极地普度众，而让众生享受尘世幸福呢？所以，虽然佛教信徒也都是人而且亦不乏上报四恩之心，但佛教的教义教理，却并不以尽孝、践仁为目的，并不以追求现世的幸福为目的。

陆九渊说，佛教出世离家，还表现为以放弃生活、拒绝知识为志趣，诱使人们不读书、不立志、不拒邪。

《论语》讲"礼"就是规范人们的生活秩序；讲"仁"就是要求人做有道德、有品位、有爱心的人；《孟子》讲"仁政"就是主张用良心、仁爱去建设国家、管理百姓；《大学》讲的是内圣外王之道；《中庸》讲的是如何"修身养性、做好自己"；《礼记》讲的是如何根据"礼"来治政养民。所以说儒学是经世之学。

佛教的生死观是怎样的呢？陆九渊说，佛家向往涅槃、憎恨生死，恰恰是没有超脱生死，没有超出轮回。"四相"指生、死、异、灭四种"有为相"，不了"四相"便是放心不下，就是执着此四种有为相，因而是未离生死，未出轮回。"四相"中生死之相，即寿相，寿相即我相，既然以寿相为执着，因此，佛家既没有超脱生死，也没超出轮回。

既然佛教执着"私利"，遁迹山林，图一身轻便，而将"公义"放在脑后，既然佛教倡导出家离家，谋修炼自身，而将天下"公事"忘得干干净净，既然佛教爱生、怕死，追求超脱，而不能正确、积极地对待生死，不能积极地经营生活，不能乐观地丰富人生，那么对于崇尚公义、追求外王、视生死为自然的儒学而言，佛教当然是不折不扣的"大偏"之学了。

小 结

宋明理学，虽然是儒学，但是借鉴了道家，甚至是道教和佛学的思想，讲的则是"性理之学"。宋明理学的发展，大致可以分为北宋、南宋、明代三个阶段。学者们摆脱了唐代以来"疏不破注"的教条，慢慢培养了对经书怀疑的态度，从疑经走上了改经的道路。

北宋诸儒以周敦颐、张载、程颢、程颐为大宗，上承儒家经典，讲仁与心性，又讲格物穷理。熙宁三年以后，王安石变法引发党争，二程分别退居洛阳，理学在此后七年或十年达到成熟。

南宋以后，儒学分为三派——程颢开胡五峰之"湖湘之学"，程颐开朱子之学，也就是程朱理学，代表者乃朱熹；陆九渊则直承孟子而开出心学一派。全祖望评价："宋干、淳以后，学派分而为三：朱学也，吕学也，陆学也。三家同时，皆不甚合。朱学以格物致知，陆学以明心，吕学则兼取其长，而复以中原文献之统润色之。门庭径路虽别，要其归宿于圣人则一也。"

明朝中叶，王阳明承陆九渊而阐发心学，创立致良知之"阳明学"，集心学之大成。明末刘蕺山呼应胡五峰而盛言以心着性之义。明末王学亦走入末流，黄宗羲说："明人讲学，袭《语录》糟粕，不以六经为根坻，束书而从事于游谈。"[①]王士祯说："今之学者，偶有所偷窥，则欲尽废先儒之说而驾

---

① 黄宗羲.宋元学案[M].北京：中华书局，2013.

其上。不学，则借一贯之言，以文甚陋；无行，则逃之性命之乡，以使人不可诘问。"[①]

理学在清初以后走入空谈，严重脱离实际，变成以学术为工具博取政治利益的手段。康熙二十一年，康熙读了崔蔚林的文章，说"岸然自负为儒者"实在"可鄙"，"伊以道学自居，然所谓道学未必是实。闻其居乡亦不甚好"，"今视汉宫内，务道学之名者甚多，考其究竟，言行皆背"，"在人主前作一等语，退后又别作一等语"。他又说："李光地、汤斌、熊赐履，皆讲道学之人，然而各不相合。"即便如此，康熙五十一年（1712年），清朝颁布诏令，将朱熹列入孔庙十哲，标志着程朱理学成了官方学术。

理学家有强烈的社会使命感，自视为"天民之先觉"，以天下为己任，要建立天下有道的社会。理学参照佛教禅宗而调整自己的思想结构，在修养方法以至世俗伦理都吸收了禅宗的成分，但理学又批判并超越了禅宗。程颐的"存养工夫"便从六祖慧能得来，理学强调超越之"理"，即自佛教的超越的"心"转移而来。

理学相信有"天理"，"理"在事上又在事中，人生在世必须在各自的岗位上做事以完成理分，即尽本分。佛教只强调"静"的存心养性，理学则强调"敬""敬贯动静"，不但是通向价值之源的超越境域，也是成就此世之事的精神凭借，是入世做事的行动原则。"敬"就是一种全神贯注的心理状态，演变成中国社会的"敬业"精神。理学强调勤劳勤学，爱惜光阴，认真把事做好，反对闲反对懒，也有类似禅宗"一日不作，一日不食"的伦理观念。

程朱理学，是宋明理学的一支流，有时会简称为理学，以便与陆九渊、王阳明的心学相对。但心学亦属于宋明理学的一支。现当代儒家信仰的多是宋明理学。

---

① 顾炎武.日知录集释[M].北京：中华书局，2020.

第二章
王阳明先生生平

琅琊郡

秦朝时设琅琊郡，治所在琅琊县（今山东青岛市黄岛区西南）。东汉建初年间，改为琅琊国。东晋后恢复为琅琊郡。

北魏时依然有琅琊郡，在今山东临沂附近。隋开皇年间废除了琅琊郡，大业年间又改沂州为琅琊郡。唐初恢复为沂州，天宝年间改回琅琊郡，乾元年间废除。此后，山东再无琅琊郡。但民国时期，北洋政府曾经短暂地设置过琅琊道。

西晋（266—316年）是中国历史上三国时期之后的大一统王朝之一。司马睿一族是琅琊王世系。司马睿于290年袭封琅琊王。

西晋末年，"八王之乱""五胡乱华"等动乱相继发生，中原陷入战乱之中，大批北方人迁移到江南，成为侨民。为了安置南迁的北方侨民，使他们对南方地区产生认同感和归属感，东晋朝廷在包括南京在内的统治区内设立了众多侨州郡县。

东晋大兴三年（320年），晋元帝在江乘县（今南京市栖霞区仙林大学城一带）侨置琅琊郡，初无实土。琅琊郡寄治在江乘县的金城（位于今南京市栖霞区东部）。

东晋咸康元年（335年），桓温任南琅琊郡内史，出镇江乘县金城，请求割丹阳郡江乘县境以立实郡。不久，南琅琊郡正式在江乘县划土立定，江乘县改隶南琅琊郡。辖境约相当今南京市玄武区鸡鸣寺以东，龙潭以西，北至大江地。

东晋咸康七年（341年），割江乘县西境侨立临沂县，属南琅琊郡。

南朝宋永初二年（421年），改为南琅琊郡。

南梁永明年间（483—493年）时，徙治白下城（在今南京市主城北部）。下辖五县：临沂县、江乘县、兰陵县、承县（建武三年省）、谯县（建元二年，平阳郡流民在临江郡者，立宣祚县，寻改为谯。永明元年，省怀化一县并属。）

南齐永明六年（488年），武帝以为江乘县白下垒（位于今南京市鼓楼区中央门外）依带江山，将南琅琊郡治从金城迁至白下垒，名白下城。

南陈太建十年（578年），废除南琅琊郡。

至德元年（583年），废除建兴郡，重新设立南琅琊、南彭城二郡，为双头郡。南平王陈嶷和信义王陈祗曾任南琅琊、彭城二郡太守。

琅琊王氏是中国古代顶级门阀士族，晋代四大盛门"王谢袁萧"之首（也有称"王谢桓庾"），是中古时期中原最具代表性的名门望族，素有"华夏首望"之誉称。琅琊王氏开基于两汉，鼎盛于魏晋，南朝以后走向衰弱。

琅琊王氏名人辈出，杰出人物众多，最兴盛时，朝廷百分之七十的官员是王家或与王家有关的人。琅琊王氏在魏晋南北朝几百年间，出了当时中国最多的宰相与皇后，任何家族都远比不上。

其中，最为著名的一支，居住于城南秦淮之畔的乌衣巷。唐刘禹锡诗云："朱雀桥边野草花，乌衣巷口夕阳斜。旧时王谢堂前燕，飞入寻常百姓家。""王谢"就是指琅琊王氏、陈郡谢氏，两家代表人物是王导①和谢安。

王导是王阳明的祖先。王阳明世家，称余姚秘图派王氏。王氏祖上王补之为了给母亲守墓，迁到了上虞的达溪居住。王补之的曾孙王季，字应良，号质庵，南宋淳祐三年由上虞达溪徙居余姚秘图山北，是姚江秘图派始祖。

---

① 王导（276—339年），字茂弘，小字赤龙、阿龙。历仕晋元帝、明帝和成帝三朝，是东晋政权的奠基人之一。

王季生有四个儿子，第三子王子俊出生在宋景炎元年（1276年）。王子俊生有四个儿子，大儿子王士元生于至元二十九年（1292年）。王士元生有三个儿子，长子王纲，字性常，一字德常；次子王纪，字秉常；三子王维，字敬常。

目前，最翔实、明确的资料以王纲为第一世。王纲有文武之才，擅长评论人物。明洪武四年（1371年），经刘伯温推荐，王纲被征召到京师任兵部郎中，后被提拔为广东参议，在增城死于国难。其子王彦达当时才16岁。洪武二十四年（1391年），朝廷在增城为王纲建庙，表彰他的忠烈。嘉靖七年，王阳明在平定广西思田之乱后回山阴，曾绕道增城祭祀，对祖先表达了无限的敬仰和怀念。

王彦达为第二世，号秘湖渔隐，一生过着隐居生活。洪武二十四年，朝廷下诏书录用王彦达，但他深痛父亲以忠死，对做官不感兴趣，不应征召。他一生粗衣恶食，躬耕养母，并取先世遗留下来的书对儿子王与准说："记住，勿废弃先人事业，我并不期望你将来做官！"王彦达终身没有做官。

王与准为第三世，字公度，继承家学，对《礼》《易》都有研究。受父亲的影响，他也终身不做官。朝廷督促地方访求遗贤，想起用王与准。王与准就逃入四明山，一不小心摔下山崖，跌伤了脚。他认为，如果不是跌伤了脚，自己隐遁的生活就结束了，于是自号"遁石翁"。

王杰为第四世，是王与准的第二子。因为门前植有三棵槐树，就自号槐里子，学者称为槐里先生。槐里亦淡于名利，而热衷学问。明宣德年间，朝廷要地方贡举民间有才能之士，地方官要王杰应召，而他以父年老辞让。到了父母相继过世，他才勉强应召入太学，不久即病亡。

王伦是王阳明的祖父，字天叙，生性爱竹，所居之处四周皆种竹，学者称之为竹轩先生。王伦在家乡以教书为业，于书无所不读，又好诗词与弹琴，而淡于名利，时人把他比作陶靖节、林和靖一类隐居的人物。

王伦对王阳明有直接影响。少年阳明豪迈不羁，他的父亲深为忧虑，而王伦则认为这个孙子将来会有所作为。王阳明做官后，不管是在京师还是在江西，常牵挂着祖父，可见他与祖父关系的密切。

王阳明的父亲王华，号实庵，晚年号海日翁，因常读书于家乡龙泉山，学者称之为龙山先生。据说，王华自小机敏有加，过目不忘，未及成年就被故家世族聘为子弟师。当时松江提学张时敏考校余姚士人，以王华和谢迁为首。王氏家族的发达就始于王华。王华在明宪宗成化十七年（1481年）赐进士及第，授翰林垸修撰。明孝宗弘治元年（1488年），充任经筵官，成为孝宗的老师，深得孝宗赏识。弘治十五年迁升翰林院学士，参与编写《大明会典》《通鉴纂要》等书。后升任礼部右侍郎、左侍郎等。明宗正德元年，宦官刘瑾擅权，阳明上疏得罪刘瑾，王华受到牵连，于正德二年出为南京吏部尚书，不久即被勒令退休。据记载，王华为人仁恕坦直，一生无虚言伪行，对人无尊卑贵贱相待如一，又性至孝，对父母照料得无微不至。明嘉靖元年（1522年）病卒，终年76岁。王华能诗善文，著有《龙山稿》《坦南草堂稿》《礼经大义》《杂录》《进讲余抄》等共46卷传世。①

王华有原配夫人郑氏、继室赵氏、侧室杨氏；有子四人，长子守仁，即王阳明，为郑夫人出；次子守俭、四子守章，为杨氏所出；三子守文系赵氏所出。王阳明又有同祖兄弟五人：伯父之子守义、守智；叔父之子守礼、守信、守恭。通过他们兄弟取名为仁、义、礼、智、文、章、恭、俭这一事实，也说明王氏家族是一儒学世家。王阳明就是在这个儒学气氛很浓的家庭中长大的。

王阳明正室诸氏一直没有生子，就把堂弟王守信的第五个儿子王正宪过继为子。继室张氏，在王阳明55岁时生了儿子王正聪。王阳明去世时，王正聪刚刚两岁，待王正聪6岁时，王阳明的门人黄绾把他带到南京，改名为王正亿。

秘图王氏自王伦之后，王华状元及第，阳明先生封侯晋爵，父子尚书，

---

① 孙婧、张祥浩.王阳明[M].西安：陕西师范大学出版社，2016.

三代都得到封赠，以后世代都是高官显宦，成了姚江王氏中最显耀的一支。王华在成化十七年（1481年）后迁居到了绍兴城内光相桥西。

正德十六年（1521年），明世宗下旨封王阳明为新建伯，准世袭。王阳明在绍兴兴建伯府第，规模浩大，绍兴有"昌府十三厅，不如伯府一个厅"之说。今绍兴市光相桥东侧西河以南上大路王衙弄，即寓意王阳明府第。

嘉靖三年（1524年），南京刑部主事桂萼议大礼得宠，他上疏称王阳明攻南昌时"纪律不肃，奏捷夸扬，学术僻狂，宜削官爵"，世宗念王阳明战功，未允。阳明先生去世后，桂萼再论王阳明离职及处田州失当，并诽谤王阳明"事不师古，言不称师，欲立异以为高"，明世宗竟听信于桂萼，下公卿议，不久即诏停王阳明恤典、世袭，并诏禁"伪学"，直到三十八年之后，即隆庆元年（1567年），明穆宗登基，才诏赠王阳明新建侯，谥文成。隆庆二年，王正亿袭封为新建伯。万历五年（1587年），王正亿去世，其长子王承勋继承了新建伯爵位。

王承勋，字叔元，号瑞楼，王承勋袭封新建伯后，于万历二十年（1592年）充任漕运总兵（或称漕运总兵官），镇守淮安漕运（后与李三才搭档），在明朝前中期，全国漕运事务上，"武尊文卑"，即漕运总兵的权力在漕运文官之上。李三才到任后，逐渐扭转这一局势。李三才对王承勋"以气凌驾之"，王忍耐并"移坐其下"，致使此后"武尊文卑"传统逐渐改变，文官总理漕运事务，武官逐渐空闲。武官仅负责督运，最后连督运的任务也减免了。万历四十年（1612年），王承勋请辞回乡，明廷便撤销漕运总兵官一职。王承勋遂成为明朝最后一任漕运总兵。王承勋总督漕运长达20年，是明朝任职时间最长的漕运总兵。

王承勋大儿子王先进，一直没有儿子，本来想过继弟弟王先达的儿子王业弘为儿子。不料王先达的夫人却认为长兄无子，爵位应该先传给王先达，再传给王先进的儿子。王先进听说后十分恼怒，就过继了叔曾祖父王守文的玄孙王业洵为子。

王承勋死后，王先进没有来得及承袭爵位就去世了，王业洵觉得自己不是嫡传的继承人，担心王先达会争夺爵位，于是声称王先达也是养子，不应承袭爵位，而另推王承勋三弟王承恩的儿子王先通继承爵位。

于是，家族内部反目成仇，争爵官司多次打到了京城，经过了十年的争夺都没有定下来。崇祯十三年（1640年），王先达的儿子王业弘又与王先通争夺爵位告到了京城。当时王业洵之兄王业浩官右都御史，总督两广，三部衙司都怕得罪王业浩，于是向上提名由王先通承袭新建伯。王业弘十分生气，他拿着奏疏想进宫面见皇上去讨要个说法，结果被拦在外面，没能进宫。于是要在宫前自杀，但被拦下，自杀未遂，被捕捉入狱。至此，这场争爵官司才渐渐平息。

王先通，字季贯，号则阳，在崇祯十三年承袭新建伯，掌前军都督府，镇守通州（今北京），李自成攻陷京师时英雄就义。崇祯上吊自杀，明王朝覆灭，福王称帝。

王先通生有两个儿子，长子名叫业泰，次子名叫业耀。王业泰南下回余姚丁忧守丧，并投奔南明弘光政权。于隆武元年（1645年）袭封新建伯。不久听说清军南下，南京危急，穿戴衰服领兵北上南京，当抵钱塘（今杭州）时，被清兵所俘虏。清军将领许以爵位，王业泰说："世受国恩，义不改节。得死，报君父于地下足矣！"清军遂将其杀死。他成了王氏家族最后一代伯爵。

此后，伯府家族逐渐地由兴盛而衰落。清朝初期，阳明先生及和他父母的墓地被别人霸占，只有留下很小的一部分。康熙五十四年（1715年），绍兴知府俞卿勒令占用阳明先生及和他父母的墓地的人归还给王氏家人。康熙五十七年，当地官府又下了判决文书做存留备查。

乾隆年间，阳明先生的九世孙王簴，从郡城回到余姚，隐居乡里，以教书为生，他曾为余姚龙泉山南面的龙泉井作铭写道："比如良知，心体本然，取之各足，用之无偏。猗屿泉源，从淙涓涓。奉为清涤，记厥千年。"

瑞云楼

阳明先生于1472年10月31日（成化八年九月三十日）出生于浙江绍兴府余姚县（今属宁波余姚）。[1]据说阳明的母亲郑氏怀孕14个月才分娩。在他出生之前，祖母岑氏太夫人曾做了一个梦，梦见天上阳光明艳，祥云缭绕，诸多神仙穿着绯红色的衣服，击鼓吹箫，乐声悠扬，其中一位仙人怀抱一婴儿，脚踩瑞云，自空中徐徐而降，一直朝着王家住宅而去，将婴儿送入岑氏太夫人怀间。岑氏太夫人一觉醒来，但听得儿媳郑氏房中传出婴儿响亮的啼哭声。也就在这个时候，周围邻居远远望见王家住处一片红光，以为着火了，争相担水奔来救火。岑氏太夫人听到喧哗声后，急忙赶了出来，问明情况后，才知道是一场误会。宋明时期，由于受佛教、道家文化的影响，人们往往喜欢给名人添加些美丽的传说，或借梦境来表达现实世界中难以实现的奇迹，用来寄托自己的崇拜心情。祖父王伦即给王阳明取了"云"的小名。故王阳明成名后，乡人称其出生地为瑞云楼。

王阳明5岁仍不会说话，但已默记祖父所读过的书。有一高僧路过其家，摸着他的头说："好个孩儿，可惜道破。"祖父根据《论语·卫灵公》所云"知及之，仁不能守之，虽得之，必失之"，为他改名为"守仁"，随后他就开口说话了。

---

① 董平. 传奇王阳明[M]. 北京：商务印书馆，2013.

瑞云楼为王阳明父亲王华从莫氏处所租。王华考中状元后，10岁的王阳明随父亲搬离余姚，迁居绍兴光相坊。此楼归还莫氏后，又被租予钱氏。弘治九年（1496年），王阳明弟子钱德洪在瑞云楼出生。钱德洪考中进士后从莫氏那里购买了瑞云楼。王阳明离开余姚后，曾数次回乡祭祖和讲学。正德十六年（1521年），他返乡时曾登上瑞云楼，指着楼内藏胎衣处，痛惜自己未能对母亲和祖母生养死葬。清乾隆年间，瑞云楼毁于一场大火，此后火烧场一直保留。桥梁专家叶樊也曾居住于此，并对建筑进行了改建。

1996年，余姚市政府依照《瑞云楼记》描述，利用别处拆除的明代建筑材料在原址复建瑞云楼。次年，王阳明故居被列入余姚市文物保护单位，2005年，成为浙江省文物保护单位，2006年6月，与位于绍兴的王阳明墓一道被列入第六批全国重点文物保护单位。2005年起，余姚市政府出资对王阳明故居进行整修，新建阳明广场，树立王阳明铜像，仿照明代式样建造"新建伯"牌坊。2007年，故居作为王阳明故居纪念馆对外开放。

王阳明故居纪念馆位于余姚城区武胜门路以西，阳明东路以北，正对龙泉山。建筑坐北朝南，占地总面积约为4600平方米，建筑设计符合明代浙东官宦建筑的特点。建筑依中轴线对称布局，中轴线上依次有门厅、轿厅、门楼、大厅、瑞云楼和后罩屋，多数建筑虽经过改建，仍保留了明代浙东官宦建筑的一些特点。

惟为圣贤

成化十八年（1482年），王华任翰林院修撰，将父亲王伦和儿子王阳明从浙江绍兴接到北京生活学习。那一年，王阳明10岁。去京城的路上，王伦带着孙子游览了江苏镇江的金山寺。一天晚上，王伦在金山寺设宴，招待宾朋。席间，王阳明赋诗一首：

金山一点大如拳，打破维扬水底天；
醉倚妙高台上月，玉箫吹彻洞龙眠。

顿时，四座皆惊，大家纷纷称奇。有人想再考考王阳明的诗才，遂以"蔽月山房"为题，让他再作一首诗。王阳明沉吟片刻，随口吟道：

山近月远觉月小，便道此山大于月；
若人有眼大于天，还见山小月更阔。

一个10岁的孩子能当场能赋出这样的诗来，说明具有一定的天赋和较高的智商。

听了《蔽月山房》这首诗，在座宾朋对王伦说，令孙声口俱不落凡，想他日定当以文章名天下。没想到王阳明却说，文章小事，何足成名？听了这样的回答，大家更是赞叹不已。

王阳明12岁时在私塾读书。有一次，王阳明问塾师："天下何事为第一等人？"塾师道："魁科高第，显亲扬名如尊公，乃第一等人也。"王阳明吟道："魁科高第时时有，岂是人间第一流？"塾师问道："据孺子之见，以何事为第一？"王阳明答道："惟为圣贤方是第一。"

弘治元年（1488年），王阳明17岁时，他到南昌与诸养和之女诸氏成婚，据《阳明先生年谱》记载，在结婚的当天，大家都找不到他。原来这天他闲逛中遇见一道士在那里打坐，他就向道士请教，道士给他讲了一回养生术，他便与道士相对静坐忘归，直到第二天岳父才把他找回去。

弘治元年（1489年），王阳明18岁时，与夫人诸氏返回余姚，船过广信，王阳明拜访了娄谅。娄谅是明代著名的理学家，向他讲授了"格物致知"之学。之后王阳明遍读朱熹的著作，思考宋儒所谓"物有表里精粗，一草一木皆具至理"的学说。为了实践朱熹的"格物致知"，有一次他下决心穷竹之理，"格"了三天三夜的竹子，什么都没有发现，人却因此病倒。从此，王阳明对"格物"学说产生了极大的怀疑，这就是中国哲学史上著名的"守仁格竹"。①

---

① 胡发贵.《格物》之异——王阳明与罗钦顺的论辩[M]. 中共宁波市委党校学报, 2018, 40（4）.

大伾山

　　弘治六年（1493年）、弘治九年（1496年），王阳明两次参加会试都落榜了。弘治十二年（1499年），王阳明第三次参加会试，赐二甲进士出身第七人，被派遣到工部实习政事，从事土木工程建设工作。

　　弘治十一年（1498年），兵部尚书王越死在任上，王阳明奉旨护送王越的灵柩到河南浚县，负责修建威宁伯王越的坟墓。

　　《传习录》演绎性地记载了王阳明的这段旅程。从京城到浚县的途中，一天半夜，听到有人叫他："王先生，王先生。"他起身寻找，不见人影。当他再要入睡时，听到那人在他床前说："我送你一把宝剑，保你一生平安无虞。"他伸手去接，原来是一场梦，醒来看看什么也没有。到浚县后，王阳明先把王越的丧事安顿好，只等吉日下葬。闲来无事，他登上大伾山，观龙洞，拜大佛，赞高山永固，叹人生苦短。正在这时，他听到山下传来歌声："伾山高黄河长，时光如流莫彷徨，建功立业好儿郎。"王阳明一听，正道出了他的心思，说："夫歌为吾也。"这歌者是何人？等他起身去寻找，那人已随歌声消逝在林壑松风中了。

　　王越顺利安葬了，祭吊礼结束后，王越的儿子王春双手托出一把宝剑走到王阳明面前说："家父当年在甘州大营时，做了个梦，梦中有位神仙引导他，到玉沙山寒石洞得了这把宝剑。家父病重时，曾嘱咐：等我死后，余姚有位姓王的先生必来谒墓，到时就把宝剑赠给他，此人日后必有大用。如今，家父不在了，承蒙您费心劳神，把家父后事料理得非常好，按家父的遗愿，这宝剑就送给您吧！"王阳明一听，忽然想起他来浚县途中做的那个梦，莫非那是威宁伯（王越的封号）在梦中赠我宝剑？他越想越觉得王越太神了，更加崇敬王越。^①

《皇明大儒王阳明先生出身靖乱录》载述，王阳明在去河南浚县的路上，所骑的马匹受惊，王阳明摔在地上胸部受伤，当时就吐了血。

在浚县的时候，他登上了当地的大伾山，挥笔而就写成了《大伾山诗》《大伾山赋》。在大伾山顶，至今存有王阳明曾在此赋诗讲学的地方，后人称其阳明书院。

《登大伾山诗》
晓披烟雾入青峦，山寺疏钟万木寒。
千古河流成沃野，几年沙势自风湍。
水穿石甲龙鳞动，日绕峰头佛顶宽。
宫阙五云天北极，高秋更上九霄看。

---

① 马珂. 大儒王阳明黎阳遗风[N/OL].淇河晨报，2009-07-29（04）.http://qbwb.hebiw.com/old/html/2009-07/29/content_76924.htm.

阳明洞天

弘治十三年（1500年），王阳明到刑部工作，任云南清吏司主事，正六品。主要工作是对犯人进行审查。

弘治十五年（1502年），王阳明31岁。在江苏审查完犯人后到道教名山茅山游玩，同行的汤礼敬（号云谷），向王阳明传播了神仙学问。据说，王阳明这段时间也曾到九华山寻仙访道。后来，到了扬州府的时候肺病发作，在当地养病三个月。五月回到北京。八月份向朝廷写了份《乞养病疏》，获得了吏部的批准，回浙江老家养病。"告病归越（绍兴），筑室阳明洞中，行导引术"，自号"阳明子"，世称"阳明先生"。

《王阳明年谱》载："先生尝筑室阳明洞，洞距越城东南二十里。学者咸称'阳明先生'云。"钱德洪撰《阳明先生年谱序》则称该"阳明洞"为"阳明洞天"，可能即是"群仙所栖""仙圣天人都会之所"的道教第十洞的"阳明洞天"。因为有直接的文献指明，王阳明就是在这处世称"古禹穴越之胜境也"的"阳明洞天"聚徒讲学的："先生初归越时，朋友踪迹尚寥落。既后，四方来游者日进。癸未年已后，环先生而居者比屋，如天妃光相诸刹每当一室，常合食者数十人，夜无卧处，更相就席，歌声彻昏旦。南镇禹穴阳明洞，诸山远近，寺刹徙足，所到无非同志游寓所在。"王阳明诗中有"古洞幽虚道意生""习静未缘成久坐"等句。可以看出，王阳明确实是将"阳明洞天"视之为习静悟道的场所。置身于"阳明洞天"的情境之中，他就可以达至一种弥漫着阳明清气的境域，并在这种清气的充塞下"阳明胜则德性用"，"锺而为贤人君子"，心灵升华以获得宇宙间的"至道之妙"。

洞天福地源于古代先民对日、月、星、山、河、川的崇拜观念，是道教仙境的一部分，多以名山为主景，或兼有山水。认为此中有神仙主治，乃众仙所居，道士居此修炼或登山请乞，则可得道成仙。分而言之，"洞天"意谓山中有洞室通达上天，贯通诸山。东晋《道迹经》云："五岳及名山皆有洞室。"它所涵括的地域有洞天、福地、靖治、水府、神山、海岛等，具体说来就是十大洞天、三十六小洞天、七十二福地、十八水府、五镇海渎、二十四治、三十六靖庐以及十洲三岛，无尽虚空宇宙世界。道家认为在我们人类栖居的以宇宙为中心的居留空间中（即所谓的"大天世界"）还并存着三十六所相对隔绝、大小不等的生活世界（即十大洞天、三十六小洞天）及七十二处特殊地域（即七十二福地）。这些洞天福地入口大多位于中国境内的大小名山之中或之间，它们通达上天，构成一个特殊的世界。其中栖息着仙灵或避世人群。从宇宙论、存在论的角度看，道教洞天福地理论反映了道士们观照天、地、人、物的独特视角，所隐含的天观、地观、人观、物观都是意味深长、发人深省的。它与我们通常看待存在、非存在、虚无、实体的看法都不相同，乃是以一种环环相套的圈层宇宙构成论为背景来解释天、地、人、物的存在形式。司马承祯入主王屋山修道期间，潜心研究唐以前的道教洞天福地说，同时仔细查究王屋山形山势、洞穴、洞水和四时风雨云气，完整地提出了天下"十大洞天、三十六小洞天、七十二福地"之说，并且编集成《天地宫府图》。三十六小洞天之第十小洞天就是会稽山洞，周回三百五十里，名曰极玄大元天。在越州山阴县镜湖中，仙人郭华治之。

在以会稽山脉为中心的周边诸山中，就有多处"阳明洞天"，除了会稽山、秦望山外，还有天姥山亦被称之为"阳明洞天"。南宋学者吴曾《能改斋漫录》卷九"地理·天姥山"云："会稽剡县，自晋宋以来人始称传，故沃州天姥号称山水奇绝处，自异僧帛道猷来自西天竺，赋诗云：'连峰数十里，修竹带平津。茅茨隐不见，鸡鸣知有人。'其后支道林之徒相继而居，凡十八僧。而名流如戴逵、王羲之者又十八人。大概乐天记之为详。盖《道经》云：'两火一刀可以逃。'以其名山之多，可以避世，故晋宋之世隐逸之士为多。亦为阳明洞天也。"由此知，"阳明洞天"的大致位置虽然在绍兴（会稽）地区范围内，但具体的位置并不详细。作为道教的"阳明洞天"，其实是一处群仙所栖的都会之所。隐逸之士寻觅并驻锡该处（阳明山、阳明洞天），为的是修真养性乃至成仙。因此，古人有"阳明仙"之说。如南宋文士、宋亡后入道自号"老君山人"的董嗣杲在《越城步月不知子城已闭因托宿赵义斋宅》诗中有句云："履险复自笑，汩没信此世。愿逢阳明仙，餐霞度千岁。"据此，王阳明选择道教的"阳明洞天"，或者将自己所选择的山洞名之为"阳明洞"，当与其以该洞（洞天）作为静摄养生证道之处所有关。钱德洪称其当时"恍若有悟，蝉脱尘垒，有飘飘遐举之意焉"，亦可作为佐证。

根据明万历《绍兴府志》的记载，以及清初学者毛奇龄的著述可考，现会稽山区的宛委山南麓有一块裂隙的巨石，绍兴人叫"飞来石"，巨石旁有一块青石铺就的平地，这里就是作"阳明洞天"所在地，是王阳明青年时期读书结庐之地。

龙场玩易窝

在古代贵州按照地支安排集市（赶场）的日期，辰日赶集（赶场）的地方叫龙场、戌日赶集（赶场）的地方叫狗场、亥日赶集（赶场）的地方叫猪场，久而久之，赶集（赶场）时间的名称就成了地名。

现在的龙场镇是修文县政府的所在地。

元至元二十年（1283年），在现在的修文、息烽（息烽原属修文，1914年析出）县境内设置政府管理机构，归属四川行省管理。1292年改为湖广行省管理。明洪武五年（1372年），重新划归四川行省管理。永乐十一年（1413年），设置贵州行省，县境各长官司属贵州节制。修文县名最早出现在崇祯（1630年）时期，据《修文县志》记载：崇祯"三年三月，安位（彝族）乞降，乃献水外六目地。六目者，今修文、扎佐、息烽、六广、九庄、安底是也。诏设敷勇卫，领修文、于襄、濯灵、息烽四千户所"。其来源是取自《尚书·武成》中的"偃武修文"，隐含为安位投降，结束动乱之意。清康熙二十六年（1687年），裁敷勇卫置修文县，属贵阳府。"修文本乎敷勇，敷勇衍乎龙场，龙场之阐乎人文也。"

现在的修文县，在明代属于水西安氏土司辖地，居民以少数民族为主，主要是彝族、苗族、仡佬族。明太祖朱元璋灭元后，于明洪武四年撤销原元建制，设贵州宣抚司。宣慰使司合并了水西、水东两土司，水西土司担任宣慰司宣慰使，水东土司担任宣慰司同知，相当于副职。洪武六年（1373年），朱元璋鉴于霭翠统辖的水西领地较广，是控制川滇黔边境的战略要地，于是下诏，"升贵州宣抚司为宣慰司，以霭翠为宣慰使，宋钦为宣慰同知，令霭翠位各宣慰之上，设治所于贵州城内"。洪武十四年，水东的宋钦死去，由其妻刘淑贞代袭宣慰同知一职。同年，霭翠病逝。由于子尚年幼，不能承袭父职，奢香代袭贵州省宣慰使职。

洪武十五年（1382年）平定云南后，明太祖留下二十多万大军镇守贵州，建立若干卫所，在贵阳设省级军事机关贵州都指挥使司以统率。洪武十七年，明廷派驻贵州的都指挥马晔，出于对民族的偏见，视奢香为"鬼方蛮女"，对她摄贵州宣慰使职忌恨不满。马晔在役使官兵开置普定驿时，骄纵蛮横，大肆杀戮彝族人民，并强迫奢香交纳赋税。贵州正遭大旱，粮食无收，人民生活极端困苦，赋税无从征集。奢香多次行文陈诉，而马晔却借机将奢香抓到贵阳，指令壮士裸露奢香的身体，鞭笞奢香的背部，企图激怒彝族兵衅。奢香属下四十八部头人，早已恨透马晔，得知奢香受辱，更加愤怒，即带领兵丁聚集。战事一触即发，奢香深明大义向属下表明不愿造反的态度，当众揭露了马晔逼反的用心，从而避免了一场殃及贵州各族人民的战祸。同年，奢香经贵州宣慰副使宋钦之妻刘淑贞的引荐，走诉京师，向朱元璋面陈马晔逼反的真相。朱元璋欲除马晔，便问奢香"以何报答"。奢香回禀，"愿令子孙世世不敢生事"，并即表示"愿意刊山凿险、开置驿道"。朱元璋大喜，封奢香为"顺德夫人"，赏赐金银和丝织品等物，并将马晔召回京都治罪。

奢香回到贵州后，亲率各部落开置以偏桥（今施秉县境）为中心的两条驿道。一条向西，经贵阳，过乌撒（今威宁），达乌蒙（今云南昭通）；一条向北，经草塘（今瓮安县境）到容山（今湄潭县境）。置龙场、陆广、谷里、水西、奢香、金鸡、阁鸦、归化、毕节等九个驿站于贵州境内，史称龙场九驿。驿道纵横贵州，打开了与川、滇、湘的通道，促进了各民族的交往，推动了社会经济文化的发展，稳定了西南的政治局面，确定了与明王朝的臣属关系。朱元璋说："奢香归附，胜得十万雄兵"。

明正德元年（1506年）冬，宦官刘瑾擅政，并逮捕南京给事中御史戴铣等20余人。王阳明上疏论救，而触怒刘瑾，被施廷杖四十，谪贬至贵州龙场（贵阳西北70里）当龙场驿驿丞。一路上他九死一生，最终躲过了刘瑾的追杀，于正德三年（1508年）春天到达龙场。因驿站破败无处可居，王阳明便到离驿站不远的一个天然溶洞里居住，在洞内研究《易经》，取洞名为"玩易窝"。

玩易窝是一个天然小溶洞，位于修文县龙场镇新春村，溶洞高3米，最宽处4米，深30余米，东面是清秀挺拔的天马山，南面是三足相峙的三角山，东南临巍峨耸秀的九层坡，洞左侧不远处有终年不竭、碧波荡漾的陶家龙潭。它是修文城郭十二景之一，有"玩易奇观"之称。

王阳明所著《玩易窝记》中也翔实记录了他在窝中读《易》的情景：

> 始其未得也，仰而思焉，俯而疑焉，函六合，入无微，茫乎其无所指，孑乎其若株。其或得之也，沛分其若决，联分其若彻，涵淤出焉，精华入焉，若有相者而莫知其所以然。其得而玩之也，优然其休焉，充然其喜焉，油然其春生焉；精粗一，外内翕，视险若夷，而不知其夷之为厄也。于是阳明子抚几而叹曰："嗟乎！此古之君子所以甘囚奴，忘拘幽，而不知其老之将至也夫！吾知所以终吾身矣。"①

王阳明在玩易窝洞内以一个石罅作为石墩（即墓穴），他白天黑夜端正静坐，内心澄清静默，来求得清静守一，反复体会圣人们处于极端困苦和危险时的心态，用周文王被拘留而演《易经》、孔子遭厄运而作《春秋》、司马迁受腐刑还写《史记》、屈原被放逐乃赋《离骚》的精神来激励自己，玩味

---

① 杨光.王阳明全集[M].北京：北京燕山出版社，2009.

《易经》中"精华糟粕一致，内心外在合一，把艰险视作坦途"的真理，领悟古代圣人能视死如归、杀身成仁、舍生取义，在生死关头保持平静和乐观的精神。他潜心研究《易经》和程颐、朱熹的理学思想，厚积薄发，忽然在一天夜间终于彻悟"格物致知"的宗旨，此后倡导"知行合一"学说，并且默记《五经》中的话来加以证实，发现完全吻合《五经》中的论点，于是写了《五经臆说》46卷，这就是"龙场悟道"。王阳明借助于读《易》解《易》，深刻地领会了人生的进退之道，并以此为基础打破了"生死一念"，最终彻悟宇宙人生真谛，解《易》本身也构成了"龙场悟道"的重要内容。建国后为了加强文物保护，对玩易窝进行了重新整修，在洞内把淤泥清理后，发现王阳明以石罅作为的石墩仍然存在。

同年秋天，他寻找到龙冈山"东洞"比玩易窝高大宽敞，便迁往龙冈山居住，在那里建龙冈书院，开始给弟子们讲授他所创立的"知行合一"新学说。

清朝后期，在玩易窝的洞顶建有一亭子，刘韫良题有对联一副，为"此间安乐可居，羡先生机变能观，终感得露湛金鸡，敕颁羑里；以后文明肇启，喜我辈追寻有自，最难忘风高石马，泽被黔州"。亭子由于长期无人管理维修，自然破坏严重，于1964年在一场风雨中倒塌，玩易窝小山头也被附近农民开山取石炸为平地。

1980年后，县文物部门加强了管理，于1985年将玩易窝列为县级文物保护单位。1996年，经过新征土地，拆迁了两户居民，并对洞及周围进行了培修、整治、绿化。1999年，在洞侧重建重檐六角攒尖顶玩易亭一座，供游人小憩。玩易窝洞内石壁上有保留完好的贵州宣慰使安国亨撰写的"阳明玩易窝"五个大字和"夷居游寻古洞宜，先贤曾此动遐思，云深长护当年碣，犹是先生玩易时"的七言诗摩崖两幅，落款是"明万历庚寅龙源安国亨书"。

卧治庐陵

正德四年（1509年），王阳明谪戍期满，被任命为江西省吉安庐陵县县令。次年，王阳明到任。当时的江西吉安庐陵县民间风气十分恶劣，当地人动不动就喜欢打官司，邻里之间的关系都很不和谐。王阳明前任许县令在庐陵待了三年，走前身心俱疲，在给上级的述职报告中，他说：如果世界上真有地狱，如果非要让我在地狱和庐陵选一个，那我选前者。

许县令称，庐陵人特别喜欢告状，他的桌案上每天都堆积着一千份以上的诉讼案卷。如果得不到满意的结果，百姓就会继续上告。这使他生不如死，后来他采用了严厉的手段，将告状人关进监狱。可这些人太机灵了，一群流浪汉特意来告状，为的就是进监狱后有吃有喝。

王阳明来到庐陵后卧病在床7个月，其间主要做了以下几件事情：

一是减轻百姓的税赋。对当地老百姓反映强烈的关于葛布的赋税，王阳明调查后发现，庐陵不产葛布，所以征收葛布赋税是不合理的。且庐陵恰恰遇到大旱，稻米颗粒无收。他给吉安府长官写了封信，信中委婉地谈道：庐陵三年来赋税涨幅巨大，可有些东西根本没有。交税日马上到来，可县里发生旱灾，瘟疫四起，若强行收税，担心激起民变，不知该如何向上级交代。最后说对于收税实在于心不忍，且势不能行。若认为他不能胜任，请求辞职。负责征税的宦官看到信后，为防止出现是非，就让吉安府长官免了庐陵的葛布的赋税。

二是规范诉讼。王阳明以告谕父老子弟书的形式说庐陵是一个崇文的地方，文化气息浓厚，但是现在变得以好打官司闻名天下，这是我们作为庐陵人感到羞耻的地方。他说，我自己多病，没有太多精力去管你们，所以我想跟你们做一个约定，除非是万不得已的情况，否则不要打官司，而且即便打官司也不能牵连太多，不能因为一件小事就把所有恩怨全部牵出来。写诉状也要短，不能超过两行，每行不能超过30个字。一段时间后，百姓有什么事情基本上自己先协商解决，实在解决不了的才到官府里面去打官司，而且很多都是就事论事。

三是恢复两亭制。即恢复了朱元璋时代设立的"申明亭"和"旌善亭"。"旌善亭"相当于光荣榜，凡热心于公益事业，乐于助人，为国家和地方做贡献的人，就在"旌善亭"张榜表彰，为后人树立榜样。申明亭相当于"黑名单"，凡是当地的偷盗、斗殴或被官府定罪的人，名字都在此亭中公布，目的对他人起警诫作用。

四是实行保甲制度。因庐陵县经常有盗贼出没，加之民间缺乏防治盗贼的有效的方法，王阳明和父老商量之后，决定在庐陵实行保甲制度。保甲制度要求邻里之间团结友爱，一旦盗贼来袭，彼此互相救援。

五是规划道路避免火灾。庐陵县建筑多为木结构，且房子和房子之间挨得特别近。如果发生火灾，就会殃及很多家庭。这一年，城内发生一场大火，烧毁民宅达上千家。王阳明决定，必须彻底改变这个状况。他查看火灾现场后发现，原来是因为道路狭窄、房屋密集，才造成如此大的损失。他命令在这些民宅之间开出道路，以供水车进入，且在着火的时候也能作为隔离带。

1510年8月，刘瑾被诛杀；9月，王华平反，官复南京吏部尚书的职务；10月，王阳明被召入京，面见皇帝，升任南京刑部四川清吏司主事。

滁州讲学

　　明太祖朱元璋诞生于滁州，出家于滁州，兴起于滁州，滁州被誉称为"开天首郡"、畿辅重地。洪武六年（1373年），朱元璋下诏，在滁州设立管理全国马政的中央机构太仆寺，主要负责舆车与军马驯养，属兵部。永乐十九年（1421年），滁州太仆寺改称"南京太仆寺"，一直存续到明朝终结。

　　明正德七年（1512年）12月，王阳明升任为南京太仆寺少卿，相对比较清闲，可以拿出更多的时间来讲学。《王守仁年谱》记述："滁山水佳胜，先生督马政，地僻官闲，日与门人遨游琅琊、瀼泉间。月夕则环龙潭而坐者数百人，歌声震山谷，诸生随地请正，踊跃歌舞，旧学之士皆日来臻，于是从游之学自滁始。"自滁州讲学开始，王阳明身边的弟子逐渐增多，他的声望也越来越大。①

　　王阳明在滁州讲学期间，提倡"静坐悟入"，引导向简练、平实为本，通过实践磨炼修身悟道。他强调，亲身悟道"贵自得"，如同"哑子吃苦瓜"。他在此厘清了儒学与佛道之间的关联与区别。《传习录》上卷129条语录中，约半数为王阳明在滁州讲学前后所言。该卷中一些学术思想，是王阳明后期提出"致良知"的基础。

　　王阳明任太仆寺少卿期间，为了防御流寇的骚扰，维护当地治安，召集

---

① 张红卫. 由凡至圣：阳明心学工夫散论[M]. 北京：生活·读书·新知三联书店，2016.

百余家民户，在太仆寺东南空旷野地从事农桑，免除租赋，组成社区。到嘉靖年间，已经发展到300多户人家，生齿日盛，民风淳朴。后任太仆寺卿盛汝谦等，沿袭王阳明的思路，在此设丰乐乡社，教民条规，祭仰先贤，建仓廒、办学社、教化子弟，亲民安居。

南京鸿胪寺

明建文元年（1399年），朱棣在北平起兵，随后挥师南下，史称"靖难之役"。建文四年（1402年），经四年战争，燕王朱棣攻破京师，在南京即皇帝位。永乐十九年（1421年）正月初一，朱棣正式迁都北京。南京故宫不再作为皇宫使用，但仍作为留都宫殿，委派皇族和内臣管理，明朝确定了两京制的格局。

一段时间内，北京一直被称为"行在"，即皇帝率文武百官驻扎的临时首都。而南京身为名义上的都城，却自明成祖以后就没有皇帝回去长时间驻扎办公。明英宗正统六年（1441年），明英宗通过颁诏的形式，确定了北京的正都位置和南京的留都位置。从此北京各衙署去"行在"二字，南京各衙署加"南京"二字。

南京和北京一样，保留了一整套中央机构，设有完整的六部班子，还有都察院、通政司、五军都督府、翰林院、国子监等机构，官员的级别也和北京相同。不同的是，北京有决策权，南京没有。南京的中央机构主要管理是南直隶的相应事务，也不能说没有实权，但相比于北京，肯定是远远不如。正因为如此，所以南京各衙门多为虚职，很是清闲，任职官员被称为"吏隐"。到了明朝中后期，南京的中央机构实际上已经成为养老机构。还有就是党争失败的官员，往往看似是平级调动到南京，实则是贬到了南京，此时南京的政府机构主要是起到了养老和安置被贬官员的作用。在南京最具有实权的分别是南京参赞机务兵部尚书、南京守备太监、提督南京军务勋臣。这三方中兵部尚书代表了中央机构，太监代表了宦官势力，勋臣则是代表了明朝开国元勋的后裔团体。

南京鸿胪寺。设卿1人，主簿1人，司仪、司宾二署各署丞1人，鸣赞4人，序班9人，品秩于北京鸿胪寺同。但没有实权，设官备员而已。明正德九年（1514年）四月，王阳明升南京鸿胪寺卿。五月，他从滁州来到了应天府（今南京）上任。

王阳明在南京期间没有成立过一所书院，也没有在任何一所书院中讲过学。

建功南赣

《明史》称赞王阳明说：终明之世，文臣用兵制胜，未有如守仁者也。[1]

正德十一年（1516年），王阳明被擢为都察院左佥都御史，正四品，巡抚南（安）、赣（州）、汀（州）、漳（州）等地。

明朝洪武年间，朱元璋为防止官员贪赃枉法，加强皇帝权力，便裁撤御史台，设立都察院，主掌监察、弹劾及建议之权，即"纠劾百官，辩明冤枉，提督各道，为天子耳目风纪之司"。明都察院设左都御史和右都御史各一名，下辖副都御史、佥都御史和十三道监察御史。遇到一些官员违法乱纪之事时，都察院的御史还拥有"大事奏裁、小事立断"之权。遇到重大案件时，都察院的左都御史或右都御史还会与大理寺、刑部的长官们一起交进行三司会审，以此来做出最终的审批。同时在明朝当官员升迁抑或嘉奖的时候，都察院的长官们会会同吏部等长官进行综合评估，然后借此来决定是否要升迁抑或嘉奖于此官员。

明代，巡抚非地方正式军政长官，但因出抚地方，节制三司（承宣布政使司、提刑按察使司、都指挥使司），实际掌握着地方军政大权。明宣德、正统年间流民问题逐渐严重，各地农民的反抗时有发生，政府的赋役来源也受到影响。河南、江西、浙江、山西、和南直隶等地巡抚，正是在这一形势

---

① 王传龙.阳明心学流衍考[M].厦门：厦门大学出版社，2015.

下设置的。巡抚是应提高统治效率、整肃军备的需要而产生的。通过派遣廷臣管理地方事务和对原有机构进行某些改革来整饬吏治、革除积弊。

自成化、弘治以后，巡抚均于两京各寺卿、少卿，大理寺丞，资历较深的给事中、御史、郎中，以及在外之布政使、按察使、参政，资历较深的兵备副使、上等知府内推升。原职高者为副都御史，称巡抚某处右副都御史；原职卑者为佥都御史，称巡抚某处右佥都御史。

明朝正德年间，由于皇权衰朽，朝政腐败，社会矛盾日益尖锐，江西匪患成灾，盗贼猖獗，朝廷屡次征讨，却见效甚微。山贼聚结守险，抢劫商贾，对抗官府，规模越闹越大，仅南安府城就数次被攻破，不仅有千户、主簿被杀，百姓也深受其害。江西一带多山地，盗匪占山为王，遥相呼应。若是征讨的人少了，反成了盗匪围攻的对象，若是人多了，盗匪便弃寨而走，官兵就这样扑了个空。就这样，官兵和盗匪就这样僵持了几十年，谁也奈何不了谁。

正德十一年（1516年），江西畲族农民起义首领谢志山、蓝天凤在上犹横水、左溪两寨领导农民起义，参加起义者达数万人。谢志山以横水、左溪、桶冈为基地，建立了政权，自称"征王"。大庾的陈日能、乐昌的高快马、郴州的龚福全等也是有一定影响力的土匪头目。他们打劫、抢掠周围的县城、过路的商旅，每当朝廷围剿的时候，又共同抗衡官军。其他地区的民众也纷纷效仿，如福建大帽山的詹师富等也起兵造反，自立山头。后来，谢志山联合高快马、陈日能夺取了大庾县，又转而进攻南康、赣州，赣县主簿战死，此事震惊朝野。

江西巡抚文森听闻此事，立马装病辞官，皇帝批准他回家养老。兵部尚书王琼举荐王阳明前去剿匪，王阳明被提拔为右佥都御史，巡抚南、赣，负责剿匪工作。

正德十二年（1517年）正月十六日，王阳明抵赣开府上任。王阳明首先清理了给土匪通风报信的人。其次，调集福建、广东的士兵，采用"十家牌法"管理人口："凡置十家牌，须先将各家门面小牌挨审的实，如人丁若干，必查某丁为某官吏、或生员、或当差役，习某技艺、作某生理，或过某房出赘，或有某残疾，及户籍田粮等项，俱要逐一查审的实。十家编排既定，照式造册一本，留县以备查收。及遇勾摄及差调等项，按册处分，更无躲闪脱漏，一县之事如指诸掌。"即每十家为一牌，每户门前置一小牌，查实造册报官备用。每日每人执牌挨户察纠情况，随时报官。如有隐匿者，十家连坐。王阳明用这个办法有效切断了土匪和当地民众之间的来往。

二月，王阳明出兵，四月大获全胜，仅仅用了两个多月时间，就攻破了盘踞在漳州南部闽粤交界山区数十年之久的40多座山寨，肃清了以福建詹师富、广东温火烧为首的山民暴乱，取得了巡抚南赣的首战胜利。针对漳南地区"极临边境，盗贼易生"的现实，他分析了民众落草为寇、社会动荡不安的原因，并"亲行访询父老，诹咨道路"，提出"析划里图，添设新县"的思路，探索了一条"添设县治，以控制贼巢，建立学校，以移风易俗"的长治久安理政之路，两度上疏奏请朝廷，添设"平和县"。让"远离县治，政教不及，民众罔知法度"的盗贼强梁之区，变成"百年之盗可散，数邑之民可安"礼义冠裳之地。同时通过实施建学校、易风俗、强教化等安民政策，收到"盗将不解自散，行且化为善良"的功效。平和县是王阳明立功的第一站，漳南战役是王阳明建立功业的第一仗。

五月八日，王阳明请辞南赣、汀、漳巡抚一职，请求改任军务提督，并上奏《申明赏罚以励人心疏》，奏请朝廷赐予旗牌。王阳明在南赣剿匪时发现，官府所采取的安抚策略毫无成效，其根本原因就在于官军兵力不强。而赏罚不分、军务拖沓又是导致兵力不强的根本原因。因此，王阳明奏请受领军务提督旗牌，以拥有治军的权力。

同月，王阳明调兵攻何塘洞山寨，端掉了20多处土匪的山寨。

六月二十日，王阳明率领军队深夜奇袭敌营，一举荡平大庾岭的匪患，端掉了19多处土匪的山寨。

七月十六日，兵部尚书王琼得知王阳明上疏，随即请旨准奏。王阳明提督南赣、汀、漳等处军务。

九月十一日，朝廷下旨赐予王阳明旗牌，并授予他酌量裁夺之权。

十月二十七日，一举拿下易守难攻的横水。

十一月十三日，王阳明攻破东桃坑、龙背等农民军据点。农民军寡不敌众，以桶冈为中心的各据点全部失陷。首领谢志山就擒，王阳明问他："你如何能号令这么多人？"谢志山回答说："平生见世上好汉，断不轻易放过；多方钩致之，或纵其酒，或助其急，待其相德，与之吐实，无不应矣。"王阳明叹道："吾儒一生求朋友之益，岂异是哉！"

十一月二十七日，官军获胜，计摧毁山贼据点50多处，斩擒山贼数以千计，走投无路不甘被俘受辱的畲首蓝天凤与家属在桶冈背面山峰跳崖自尽。

十二月五日，在平定横水谢志山部、桶冈蓝天凤部之后，王阳明上疏朝廷，建议割上犹县的崇义、上堡、雁湖三里，南康的隆平、尚德二里，大庾的义安里建县，择定崇义里的横水设立县治，以横水谢志山原大寨为核心筑崇义县城。奏疏里说，"查得横水议建县治处所，原系上犹县崇义里，因地名县，亦为相应"，"以往为贼所据，今幸则平，必建立县治，以示控制"。次年10月11日，王阳明为崇义设县第二次上疏朝廷（《再议崇义县治疏》），说明民众对建城的积极要求与表现，以及筑城材料费用当地可解决等实际问题，表示县城已在建设中，不需朝廷花费太多的银两即可完成县城建设。此后不久，朝廷便批准了崇义设县。

正德十三年（1518年）正月七日到三月初八，剿灭浰水的土匪，总共捣毁38处土匪巢穴，擒斩、俘获土匪5900多人，广东剿匪结束。

广东省龙川境内有条河，河名三浰水（今名浰江），发源于浰头山，顺着河流有上浰、中浰、下浰三处，这三处地方是池仲容（池大鬓）土匪集团的核心匪巢。相比于其他匪患，池仲容部有很强的政治割据企图，早在弘历末年，年轻的池仲容就做了一拨土匪集团的先锋。20多年来，已经恶化成了祸害三省边界的大匪首。

王阳明在攻打江西暴民巢穴之前，为防止浰头乘虚出扰，派出官方安抚使者前往浰头匪巢，送去银两和慰问品，并送达《告谕浰头巢贼》通告，晓以祸福利害，劝其归降。除池仲容外，各寨酋长皆愿出降。

正德十二年（1517年）十月十二日，王阳明攻破横水的时候，池仲容开始感觉到了危险，所以"遣其弟池仲安率老弱二百，诣守仁亦降，即愿从征立功，实觇虚实为内应也"。王阳明将计就计，把他们另外编为一哨，暗中派人向附近被他们迫害的百的百姓询问情况，秘密集结了军队，静候桶冈战况。

十一月二日，王阳明率军攻破桶冈，池仲容更加恐惧，开始加修守备。王阳明见其胸中暗藏割据之志，便施以连环计策，步步为营，逼其就范。次年正月，王阳明第二次派使者前往浰头以慰问之名，探查匪巢情报，发现土匪山寨里戒备森严，处处加强武备的景象，毫无投降之意，并对使者谎称是为防备另一伙匪徒卢珂的偷袭。王阳明欲擒故纵，假装相信了池仲容的话，佯装要攻卢、郑二人。其实，早在大帽山之捷的时候，龙川的卢珂、郑志高、陈英就归降了王阳明。

正德十二年（1517年）十二月十五日，卢珂前往赣州府南康县向提督衙门举报池仲容，正在联络各山寨，要共同抗击三省围剿的官军。王阳明当着池仲安的面斥责卢珂等人，曰："大鬈方遣弟领兵报效，安得有此？"并且将三人下狱，并扬言要处斩卢珂。私下里，王阳明告诉卢珂这是计策，让他派人回山寨提前准备参加剿匪工作。

王阳明在赣州犒劳三军，做出要休兵的假象。与此同时，王阳明一边计诱池仲安告诉池仲容虽然卢珂等人被捉，不要放松警惕，如果能够主动前往，自证清白，卢珂死罪也就确定了；一边又通过官府收买的亲信劝说池仲容，官府每次厚礼相送，礼尚往来，理应亲自酬谢。《王守仁传》载："大鬈信之，谓其下曰：'欲伸先屈，赣州伎俩，我亦欲行观之。'遂以勇贼百人裹甲来见。"池仲容到后，王阳明每日犒赏，使其放松警惕。随后，在池仲容没有防备的情况下将其擒获并斩首。与此同时，令官兵分九路并进，攻破上、下、中三浰大巢以及周边巢穴。次年三月三日，清剿行动宣告成功。

王阳明仅用一年三个月就击败了漳南、南赣、横水、桶岗、浰头的山贼，铲除了屡剿不绝、祸害当地几十年的匪患。

之后，王阳明着手开展了全民性安民教化活动，包括：考察民情，安抚百姓；劝农耕种，恢复生产；上书朝廷设立平和、崇义、和平三县，加强管理，让山贼无处藏身；推行《赣南乡约》，通过民众自治，维系基层社会稳定；颁行了《教条四则》《议俗文四首》《社学训蒙大意》等文，提出，教育学生"惟当以孝、弟、忠、信、礼、义、廉、耻为专务"。他们学习礼仪，借以严肃他们的仪容；教导他们读书，开发他们的智力。兴建书院，培养学子，赣州府衙、南安府学、通天岩等地都留下了他讲学的身影；恢复社学、大行教化，对民众进行系统的传统道德教育，改易当地好斗逞凶的习气。这些教化理论的提倡和措施的颁行，对于南赣的民风和客家文化的形成，产生了广泛而深远的影响。

正德十三年（1518年）正月，王阳明在进剿广东浰头池仲容之前，写信给弟子薛侃，说出了心中的担忧："即日已抵龙南，明日入巢，四路兵皆已如期并进，贼有必破之势。某向在横水，尝寄书（杨）仕德（即杨骥）云：'破山中贼易，破心中贼难。'区区剪除鼠窃，何足为异。若诸贤扫荡心腹之寇，以收廓清之功，此诚大丈夫不世之伟绩。"[1]

在王阳明看来，破山中贼易，破心中贼难。灭山中贼，是能臣就干得了的事情；而即铲除人们心中的私欲恶念，那才是圣贤的不世伟业。

七月，在赣州刻古本《大学》和古本《中庸》《朱子晚年定论》等，写《大学古本序》《修道说》等，后派人将手书送至庐山白鹿洞书院，并刻碑于

---

① 邓艾民. 传习录注疏[M]. 上海：上海古籍出版社，2015.

白鹿洞书院。自王阳明大力提倡古本《大学》并为之倾力作序与注释之后，古本《大学》同样在士林之中得到广泛重视，成为继朱熹《大学章句》之后，又一部影响深远的《大学》版本，即《大学古本》。

正德十五年（1520年），王阳明在赣州初讲"致良知"。最早提出"良知"的是孟子。《孟子·尽心上》载："人之所不学而能者，其良能也；所不虑而知者，其良知也。"王阳明则说："良知者，孟子所谓'是非之心，人皆有之'者也。是非之心，不待虑而知，不待学而能，是故谓之良知。"孟子提出"良知"概念后，后代儒者较少论及，直到王阳明才重提良知。

他说，吾"良知"二字，自龙场以后，便已不出此意，只是点此二字不出。今幸见出此意，一语之下，洞见全体，真是痛快！"良知"之说，从百死千难中得来，非是容易见得到此。他认为，"良知"是天地万物之纲，是真正的"圣人之道"。

此后，在南昌及浙江，他都以"致良知"为教学宗旨，宣称人人心中有良知，人们只要把自己的良知发掘出来并落实在行为上，就是"致良知"。对于"良知"和"致良知"的关系，他强调说，前者是本体，后者是工夫。并非仅仅有良心就可以达到致良知的境界，要达到致良知的境界，绝非等闲中来，要自困顿中来，从百死千难中得来；要事上练，要实落用功。可见，致良知的过程就是知行合一的过程。

宁王之乱

朱元璋建立明朝之后，为巩固王朝统治，大封子弟，分藩就国。按照明代的分封制，皇子封为亲王，岁禄万石。王府置官属，办理各项事务，冠冕服饰，车旗邸第，仅次于皇帝。这批藩王，虽"分封而不赐土，列爵而不临民，食禄而不治事"，但他们地位极为尊贵，在亲王面前，"公侯大臣伏而拜谒，无敢钧礼"，诸王在封地，没有治民之责，却有统兵之权。各王府都配有护卫3000至20000人。当地驻军调动，还须有亲王令旨。藩王实际是皇帝监控地方军权的代表人物。

宁王是朱元璋的第十七子朱权的玄孙。第一代宁王朱权，是一名优秀的野战指挥官，得到了大宁的封地，这是北京以北草原地带的一个军事上的重要前哨基地。燕王朱棣发起靖难之役时，为谋得大宁诸军的助战，用计挟制宁王朱权，使大宁边军俱听其指挥。朱棣还哄骗朱权："事成，当中分天下。"朱棣即皇帝位后，宁王要求改封苏州、钱塘等南方地方，均遭朱棣拒绝，宁王与皇帝间的矛盾由此而生。从宁王朱权开始，历代宁王与朝廷之间矛盾越来越深。

朱权死后，其孙朱奠培嗣位，因"增造宫殿及派岁禄于进府县，奏请南昌城内东、西二湖"，被时任左布政使的崔恭抵制而生怨恨，"遂劾奏（崔）恭不法，恭与按察使原杰亦奏奠培私献惠二王宫人，逼内官熊璧自尽。按问皆实，遂夺护卫"①。削去宁王护卫，改为南昌左卫，使自朱权以来与朝廷间的矛盾进一步加剧。

弘治十八年（1505年），明武宗朱厚照即位，这个明史上有名的腐朽荒唐的皇帝有两大缺点："嗜酒而荒其志，好勇而轻其身。"他不问政事，导致大权旁落于以太监刘瑾为首的宦官手中；重用富于勇力的流氓式人物江彬，在其怂恿下，到处巡游，进行儿戏式的出巡、征讨，致使朝政极端腐败，为宁王朱宸濠反叛朝廷、窥觑帝位提供了便利的条件。而宁夏寘镭之乱，则在一定程度上刺激了宁王朱宸濠的起兵反叛。为反对刘瑾的专权，正德五年（1510年），宁夏安化王朱寘镭率兵发动叛乱，斩杀了刘瑾派往宁夏以"清理屯田"为名进行搜刮的大理寺少卿周东等人，这次叛乱从举事到失败虽只历经35天，却直接导致了刘瑾的倒台、丧生，这无疑给不满武宗统治的朱宸濠做出了示范。

朱宸濠（1479—1520年）是第四代宁王，明太祖朱元璋五世孙，宁康王朱觐钧庶子。正德二年（1507年）夏，他派太监带着给刘瑾的巨额私礼到北京。太监转送了礼物，转达了宁王希望有卫队，并有维持给他恢复了的卫队的收入的要求。刘瑾同意了。尽管兵部反对，宁王的卫队还是恢复了。正德五年（1510年），刘瑾伏诛的前一日，卫队又被取消。为此，朱宸濠"辇白金巨万，遍赂朝贵"，在兵部尚书陆完、伶人臧贤及幸臣钱宁等人的帮助下，终于在正德九年（1514年）获准恢复护卫，为反叛朝廷迈开了坚实的一步。

1519年7月9日，宁王朱宸濠生日宴会，一个来自北京的密探给宁王带来了一个消息：朝廷准备逮捕他。其实这是谣言。朱宸濠召集谋士商讨对策。他们一致认为，他的密谋已经泄漏，他不能再拖延下去了；他们计划，当次日所有文官来答谢他的宴会时，他要宣布他的意图，并将任何拒绝支持他的事业的人杀死。

---

① 蔡东藩. 明史通俗演义[M]. 西安：三秦出版社，2006.

朱宸濠在官员们面前，在几百名卫兵的包围下，发布了一份通告。他声称，太监李广欺骗弘治皇帝，使他认为正德皇帝是他的儿子。其实皇位上的，只是一个平民的孩子。他声称"奉太后密旨，令起兵入朝"。江西巡抚孙燧要求看太后的诏书，遭到拒绝。于是，他指控宁王谋反，和其他几个不愿合作的官员一起被处决。余者被捕后归顺了宁王。

朱宸濠自称皇帝，年号"顺德"，以致仕都御史李士实、举人刘养正为左右丞相，参政王纶为兵部尚书，集兵号称10万，发布檄文，声讨朝廷。并且，命将领闵廿四等攻下九江、南康。他留宜春王朱拱樤、内官万锐等守南昌城，自率水师号10万，战船千艘出鄱阳湖，蔽江东下，攻打安庆，指向南京，欲攻取南京即帝位。

当时，王阳明受命前往福建平定另外一起叛乱，行至江西丰城，得到朱宸濠叛乱的消息，他当机立断，立刻转道吉安征调兵力平叛。就在王阳明准备转道吉安时，朱宸濠派出1000多人前去截杀王阳明。船家因此都很害怕，不敢搭载王阳明。王阳明只好存菩萨心肠行霹雳手段，拔剑割下船家的一只耳朵，船家这才不得不发船。

行至半路，王阳明让一名下属穿上自己的衣服，留在大船上，他自己则换上普通百姓的衣服，暗中乘坐小渔船继续赶路。朱宸濠派来的人拦阻大船搜捕，抓到那名假扮王阳明的下属，才知道真的王阳明早已走远，只好放弃截杀。

南京是明朝的留都，如果朱宸濠迅速占据南京，在政治上就会占有一定的主动权，平叛就会有困难。因此，在赶往吉安的途中，王阳明一面对外"假传圣旨"，声称自己被任命为两广湖襄都御史，统领两京兵部，拥兵16万，准备进攻宁王的老巢南昌；一面命各将率兵众埋伏在各出入要道，见到朱宸濠的兵卒就袭击格杀。

为了争取时间，迷惑朱宸濠，王阳明又特意招来乐工，暗中在他们所带的行李和夹衣中，放置写有让朱宸濠的伪相李士实、刘养正劝朱宸濠发兵攻打南京的公文。在做这一切时，王阳明故意让李士实的家属看见，然后假装发怒要斩杀他们，等他们被绑缚去法场准备行刑时，却又故意制造机会，好让他们乘隙逃走。

李士实的家属逃到朱宸濠处，把所见到的一切报告给朱宸濠。朱宸濠捕获乐工，果然在他们的行李中搜到公文，因此犹豫不定，不敢贸然进兵南京。

王阳明到吉安后，随即揭发朱宸濠的罪行，昭告天下共同讨平叛贼，并急忙征调兵马粮草。朱宸濠这才明白，王阳明先前其实并没有兵力，自己被蒙骗了，想要发兵直取南京，却又担心王阳明趁机攻打南昌。于是，朱宸濠派人去吉安侦察王阳明的动静。

王阳明认为，此时与朱宸濠硬碰硬，并非上策，自己应该摆出坚守不战的姿态，等到朱宸濠率军前往其他地方时，自己再率部去攻击朱宸濠的老巢南昌，朱宸濠一定回兵来救，这时再出击迎战，才是必胜的上策。而朱宸濠并不知道王阳明心中的打算，在得到"王阳明坚守不战"的回报后，果然中计，只留下一万部众防卫南昌，自己则率大军东下，准备去攻打南京。

王阳明于是急忙下令各府兵马立即在丰城会师，准备攻打南昌。当时，朱宸濠的大军已包围安庆，诸将都认为应该先救援安庆。王阳明为诸将分析说，我军若前往安庆救援，叛贼一定拼死迎战，而安庆的兵力仅能自保，不能出城与我军配合夹击叛贼。如果叛贼派南昌守兵断绝我军粮道，再联合九江、南康的兵力夹击我军，我军情势就将非常不利。现在我军会师丰城，声势浩大，南昌守军只有一万，必定心生恐惧，我军合力进攻必能一举破城，诸将认为王阳明说得有道理，都听从了王阳明的主张。南昌城中之人听说王阳明率领各路官军在丰城大会师时，就已经人心浮动，此刻再看到王阳明果真率兵来攻城，毫无斗志，因而如王阳明所料，南昌城一攻就破了。

朱宸濠听说以王阳明为首的官军会师于丰城，准备攻打南昌，赶紧从安庆撤军，驻扎在阮子江边，策划救援南昌。有将领见朱宸濠军队势大，主张退入城中坚守不战，等待援军前来。而王阳明则主张官兵应该先发制人、夺敌气势，他说，叛军听说老巢被官兵攻破，已经丧胆，我们应该再挫一挫叛军的锐气，让他们无功而退，叛军就会不战而败。于是，王阳明指示伍文定等诸将应战之方略，即先以游击兵诱敌，然后假装不敌败走，等叛军为抢功追击时，埋伏的士卒再群起围攻。另一方面，王阳明又派兵分攻九江、南康，以断绝两地的救援，终于一举在鄱阳湖擒获朱宸濠，仅仅用了一个多月的时间，就平定了朱宸濠叛乱。朱宸濠谋叛朝廷，自起事至失败仅43天。

正德十五年（1520年）闰八月，王阳明不得已将擒获的朱宸濠押至南京，献给明武宗，名曰"献俘"，其场面十分滑稽可笑：武宗与诸近侍身着戎服。摆开作战的阵势，将朱宸濠除去桎梏，释放在军队的包围圈中，然后伐鼓鸣金而擒之，重新给他戴上枷锁，列于队伍前面，佯装凯旋。十二月，朱宸濠在通州被处死，并被焚尸扬灰。之后，朝廷废除宁王封国。

天泉证道

嘉靖六年（1527年）五月，朝廷命王阳明以原官兼任都察院左都御史，前往广西征讨思恩、田州之乱。原来，思恩、田州的少数民族与明王朝的矛盾是由地方官与土司首领之间挑起的，朝廷实行大汉族主义，采用屠杀政策激化了民族矛盾。先有田州岑猛暴乱，被提督御史姚镆率兵镇压；后来余党卢苏、王受构众作乱，攻陷思恩。姚镆又集合邻近四省兵力进行讨伐，但久战不克，所以朝廷起用王阳明总督两广及江西、湖广军务，并责以体国为心，不得循例辞避。

王阳明闻命，乃上疏启奏曰："伏自思惟，臣于君命之召，当不俟驾而行，蚍兹军旅，何敢言辞？顾臣病患久积，潮热痰嗽，日甚月深，每一发咳，必至顿绝，久始渐苏。……夫委身以图报，臣之本心也。若冒病轻出，至于偾事，死无及矣。"疏中又曰："伏思两广之役，起于土官仇杀，比之寇贼之攻劫郡县，荼毒生灵者，势尚差缓。若处置得宜，事亦可集。"①他一则以病疏奏免任，二则建议朝廷采用非暴力方式解决思、田问题。但朝廷不纳其言，接连遣使敦促他尽快启程。

九月初八，钱德洪和王畿访张元冲于舟中，一起谈论为学宗旨。王畿曰："先生说知善知恶是良知，为善去恶是格物，此恐未是究竟话头。"钱德

---

① 陈明. 王阳明全集[M]. 武汉：华中科技大学出版社，2017.

洪曰："何如？"王畿曰："心体既是无善无恶，意亦是无善无恶，知亦是无善无恶，物亦是无善无恶。若说意有善有恶，毕竟心亦未是无善无恶。"钱德洪曰："心体原来无善无恶，今习染既久，觉心体上见有善恶在，为善去恶，正是复那本体工夫。若见得本体如此，只说无工夫可用，恐只是见耳。"王畿曰："明日先生启行，晚可同进请问。"

当晚半夜时分，前来为王阳明饯行的客人们陆续散去。等到客人告辞完毕，王阳明将要进入内室休息，忽听有人来报告，说钱德洪和王畿候立庭下，有事向先生请教。王阳明转身走出庭外，吩咐移度天泉桥上。钱德洪便以自己与王畿认辩的问题请王阳明教正。

钱德洪认为，无善无恶心之体，良知原本就是无善无恶的，无善无恶是为至善，对圣人来说如此，但对普通人来说不免有物欲、私心、私意，所以意之动就会有善有恶，这就要求我们在一念发动之处把不善的念头给克倒了，是还是非，良知原本就知道，就是知善知恶是良知，既然知善知恶所以要为善去恶。钱德洪认为"四句教"是王门宗旨，是定本，是一个字都不能更改的，讲学就是要按照四句教去讲。

王畿则认为，既然心体是无善无恶的，意之动怎么会有善有恶，所以他认为这四句并不是王门讲学的不可改变的最后究竟之说，只不过是权宜之说，不是最后的究竟圆融之说。他认为，如果心体是无善无恶的，那么意动也是无善无恶的；意如果是无善无恶的，那么知也是无善无恶的，物也是无善无恶的。在此基础上，王畿提出了"四无说"，即无心之心则藏秘；无意之意则应圆；无知之知则体寂；无物之物则用神。

王阳明说，你们两位说得都对，人原本就有两类，一类是利根之人，一类是钝根之人，这本来是佛家的说法。利根人那是特别聪慧的、一点就透的一类人；钝根之人是比较笨拙、愚昧之人，只能是一步一个脚印，慢慢学习。对于利根人，一悟本体即是工夫，一了百了，王龙溪（王畿）所讲的正是我这里接利根的人；但对于一般普通人来说，还是要讲为善去恶，要讲知善知恶。

随后，他又叮咛道："二君以后与学者言，务要依我四句宗旨。无善无恶是心之体，有善有恶是意之动，知善知恶是良知，为善去恶是格物。以此自修，直跻圣位；以此接人，更无差失。"[①]

王阳明告诉钱王，两人要相须为用，不要各执一边，如果各执一边，眼前就会失人。事实令人遗憾，后来，钱王二位并没有执行先生"天泉证道"的意图，而是各执一边，钱德洪把缆放船，基本上还是合乎阳明先生的意思，但也正因为如此所以创造性不足；王龙溪一天到晚讲四无，渐失王门宗旨。黄宗羲评价说："姚江之学（阳明之学），因有王艮、王畿而风行天下，也因有王艮、王畿而渐失其传。"

王阳明在天泉桥上回应两位弟子相关疑难，阐发自己对"四句教"的理解，被称为"天泉证道"。现存于绍兴市越城区北海街道铁甲营社区王阳明伯府第遗址王衙池边就是"天泉证道"的碧霞池。

---

① 陈来. 有无之境：王阳明的哲学精神[M]. 北京：生活·读书·新知三联书店，2014.

思、田之乱

思恩府，唐朝开始设思恩羁縻州，州治在寨城山，即今平果县的旧城镇，州官是土官世袭制，父子相接。宋朝，侬智高起兵反宋，朝廷派狄青率兵征讨，浙江余姚县人岑仲淑随军南下，因打仗有功，授武荫侯，封为思恩土州知州，此后思恩土州的知州为岑氏家族世袭。

明朝建立后，当地土司岑伯颜献土来归。朱元璋大喜，封其为田州知府，世袭罔替。

思恩府在岑瑛后，传位给他的儿子岑键继承，岑键之后就是岑浚。岑浚天生桀骜不驯，成年后更是飞扬跋扈。岑浚大力屯兵，制造战船，于夷江（今马山县金钗镇）造300艘战船。筑建城池，于都阳（今大化县地）、丹良堡（今平果县城关乡）等筑军城18所。

岑氏同族的田州府（今田阳县、田东县）土官发生家变，土官岑溥被自己的长子岑猇杀害，原因是岑猇失宠，嫉恨父亲宠幸自己的弟弟岑猛。因此犯下弑父之罪。田州的头目黄骥于是就按岑猛的祖母岑氏指示，诱杀了岑猇。同时因为黄骥和另一位头目李蛮有矛盾争执，所以黄骥把10岁的继承人岑猛送交给思恩府的岑浚护送。

岑浚和黄骥合谋，劫持了岑猛（依照辈分，岑猛其实是岑浚的堂弟）。要求田州府割让属地。祖母岑氏和李蛮就请示朝廷，逼迫其释放岑猛。由此开始两家缔结仇怨。岑浚非但不从，还率兵两万攻入田州府，劫走田州岑氏家室妻子妇女50人，并废掉岑猛的知府官位继承权，改由自己指定的岑琪上任。并在接下来的几年时间里，屡次兵犯周遭各地官族。在弘治十二年（1499年）到弘治十五年（1502年）间，联合泗城（今凌云县）土官岑接、东兰土官韦祖铉率四万众兵攻打田州，继而攻龙州。弘治十七年（1504年），又率兵破上林、武缘等县，再度破田州。尽管广西的官员上奏岑浚恶行，但也被他使用贿赂等手段躲过。

弘治十八年（1505年），朝廷以总督潘蕃、总兵毛锐等集结了两广、湖广官军十万八千，分兵六路进剿。岑浚不敌，败入寨城山自杀。

正德元年（1506年），朝廷对思恩府实行"改土归流"，即取消知府由岑氏土官世袭制，改为按500里内不得为官的规格，由外地选任知府，数年轮流的流官制。

在岑浚亡命之时，岑猛年仅16岁。由于顾忌这些土官后代叛乱无常，朝廷决议将他降为"福建平海卫千户"，调离田州府。但因后来多方游说，得以留任田州。这位少年幼时命运多舛，成长后更是心怀怨恨，经常四处劫掠攻打周边的官族，扩充领地，终于又跻身成为威胁左右两江一带的豪强。而在这一期间，思恩府的头目之一刘召反叛，但随即被岑猛击败。岑猛并带领自己的官族岑关、卢苏等联合思恩府的继任头目王受谋划攻打思恩府。安排儿子岑邦彦驻守在定罗堡（今马山县永州镇）。终于又引发了一场比岑浚影响更大的和官军对抗的叛乱事件，史称"岑猛之乱"。

嘉靖五年（1526年），"莫偕总兵官朱麒等发兵八万，以都指挥沈希仪、张经、李璋、张佑、程鉴等，五将军统之，分道并进"。[1]在大军开进的同时，沈希仪等人还沟通了时任归顺州土知州的岑璋，约定共同对付岑猛。

岑猛在交战中落败，逃往岳父岑璋的领地归顺州（今靖西市）。岑璋诛杀了他，并将其首级上交官府。

---

[1] （明）田汝成.炎徼纪闻校注[M].南宁：广西人民出版社，2010.

当岑猛的叛乱被扑灭后，朝廷决议废除田州府的世袭土官，改由明朝指派官员上任。也就是常说的"改土归流"。这无疑是触动到了原本依附土司家族利益生存的土族官员。原属岑猛派系的土官卢苏继续领导着田州府，因为不满朝廷政策，遂于嘉靖五年（1526年），挟持岑猛的遗孤岑邦相策动民变，率兵沿着右江而下攻打官军。卢苏的反叛，得到了在丹良堡的另一位重要土官王受的支持。王受是丹良堡的世袭土官，他的祖先王青是跟随狄青征战侬智高时的将领，获得了丹良堡的封地。卢苏、王受两人诈称岑猛未死，起兵攻占思恩府，王受率众万人攻占思恩城，活捉知府吴期英。卢苏外攻内应，赶跑田州知府王熊兆，占据府城。左、右两江为之震动。都御史提督两广军务兼巡抚姚镆调集东兰、归顺、镇安、泗城、向武等土州兵，配合两广官兵"进剿"，未能平定动乱。而后上书朝廷，请调广西、广东、湖南和江西土兵增援。

嘉靖六年（1527年）五月，朝廷命王阳明以原官兼任都察院左都御史，前往广西征讨思恩、田州之乱。

王阳明分析动乱原因，认为地方官吏，苛政于民，"上嫉下愤，日深日积"，"若以武力剿捕，无论胜败，均有十患；若用安抚之策，则收十善之效"。王阳明"罢兵行抚"的主张，得到明世宗应允。嘉靖七年初，王阳明到邕州（南宁），下令"撤调全部防守之兵"，下谕王受、卢苏归顺，并下发令牌："速降无死。"王、卢接到令牌，率众头目数百人赴南宁军门请罪。王阳明法、理兼用，升堂断案。先对王、卢各打一百板，然后解其缚训示："今日宥尔死者，朝廷好生之德；必杖尔者，人臣执法之义。"王、卢叩首道是，愿立功折罪。随后，王阳明亲赴其营抚慰，"祸结两省，已逾二年"的动乱平息。

嘉靖七年（1528年）二月，王阳明采用招抚方式平息了思恩、田州首长卢苏、王受之乱，安抚其众7万余人。

同年，王阳明把田州府降为州，将思恩州分割为九土巡检司，在今平果县马头峡右江石壁之上镌刻了《平思田纪功碑》。

大藤峡

  大藤峡，地处广西武宣县至桂平市的黔江下游，是广西境内最大最长的峡谷，传说古时有大藤如斗，横跨江面，昼沉夜浮，供人攀附渡江，因而得名。后也称断藤峡、永通峡。《明史纪事本末》记载了大藤峡一带的地形："盖有孤藤渡峡涧如徒杠也。南截浔水为府江，自藤峡至府江三百余里，地惟藤峡最高。登藤峡巅，数目里皆历历目前，军旅之聚散往来，可顾盼尽也……峡北岩峒以百计，如仙人关、九层崖其极险阨者；峡以南有牛肠、大岵诸村，皆缘江立寨。藤峡、府江之间为力山，力山之险倍藤峡焉。又南则为府江，周遭盖六百里，其中多冥岩谷，县磴绝壁。入者手挽足移，十步九折，一失足则殒身数百仞下。"[①]

  大藤峡地区在古代是瑶民以部落为主的聚居区，迫于生计，明代该区域的瑶民起义就不断发生。瑶民义军倚仗大藤峡的奇险长期控制着黔江航道，而且不时采取突然袭击的手段打击地方官绅。其与"八寨"（指的是位于忻城、上林、迁江三县交界地区思吉、周安、剥丁、古卯、罗墨、古钵、古蓬、都者等八个寨堡）的义军互相呼应。八寨山岭环合，曲径通幽，错杂迷茫，行人不明道路，寸步难行。每寨有众千人左右。平日无事，各寨义军分头活动，有警则能迅速集中数千人抗击来犯的敌人，所谓"不约而同，不谋而合，古名虽

---

① 谷应泰.明史纪事本末[M].北京：中华书局，1977.

为八，实为一寨"。大藤峡和八寨的起义被明王朝视为心腹大患。

大藤峡地区的瑶民起义自明代洪武时期开始就不断发生。正统至成化间蓝受式、侯大苟领导瑶、壮人民起义。其中以侯大苟起义规模最大，势力扩展到广东等省。

成化元年（1465年），右佥都御史韩雍、都督同知赵辅等率军16万前往镇压，起义军近7000人被杀，侯大苟被俘牺牲。韩雍命人砍断大藤，在其地置武靖州，加强控制。次年，侯大苟余部侯郑昂和胡公返又举义旗，坚持至成化八年。韩雍长期封锁、围困大藤峡，不准瑶民出入峡口，也不准船只通过峡江。韩雍当年平乱将大藤峡改名为"断藤峡"，并曾在今武宣县三里镇下江村委红石村沿江左岸勒石立碑为记。

明代正德年间，大藤峡地区再次爆发起义。正德三年（1508年），左都御史陈金率军续征大藤峡。为了打通峡江，陈金想到了一条与韩雍截然相反的策略。经双方几经商讨，订立"约法三章"。条约生效之后，官府和商贩的船只络绎经过大藤峡，如约缴纳食盐及瓦器等生活日用品。由此，黔江大藤峡船只往来正常，出现了多年未有的繁忙景象。

正德十二年（1517年），陈金在认为自己的采取措施已经取得了很好的成效，于是向明帝朱厚照请功，并请求赐名"永通峡"，朱厚照欣然同意。于是陈金便命令手下张佑等人将"敕赐永通峡"五个大字分别刻在武宣及桂平沿江两崖的峭壁之上以昭其功。《武宣县志》有载："永通峡碑，在古迹滩右岸石壁，正德年间陈金奉命征断藤峡，事平后改为永通峡，勒石纪念，刻永通峡三字，各大方尺有余。"①

嘉靖年时，由于官方失约，过往船只不愿向瑶民缴纳食盐等物资，以胡缘二、黄公豹为首的民众被迫再次起义，切断峡江航道。

嘉靖七年（1528年）二月，王阳明率湖广兵抵达南宁，三月二十三日发

---

① 左少荣. 武宣县志[M]. 南宁：广西人民出版社，1995.

布公移《征剿八寨断藤峡牌》，四月到六月平定八寨、断藤峡叛乱，七月十日向朝廷发文报捷。

大藤峡（时称断藤峡）瑶民义军听闻王阳明德土兵抵达广西的时候，就心生警惕，将家属牲畜等置入深山之中潜匿。后来又听闻卢苏、王受归降，王阳明进驻南宁，没有出征的迹象，因此放松了警惕。

到达南宁后，王阳明便暗地里派人前往大藤峡及八寨进行侦查，将八寨、大藤峡及仙台、花相诸洞义军的底细一一探清。这是王阳明和众人商议，并命湖广土兵袭剿大藤峡义军。而此时卢苏、王受因刚归降，也愿意立功自赎。

王阳明选精壮人马，分永顺兵进剿牛肠等寨，保靖兵进剿六寺等寨，约好四月初二抵达地点；乘夜突然发动军事进攻，于嘉靖七年四月三日早偷袭大藤峡，四月二十二日晚偷袭八寨。

湖广兵抵达预定地点，与明军一同突进，四面夹击。身心懈怠的瑶民义军突然遭到官军四方围攻，仓皇应战，一溃千里。于是退守保仙女大山，据险结寨。官军攀木缘崖仰攻，并随后连连攻破油榨、石壁、大陂等地，直击大藤峡。随后王阳明密檄诸将移兵剿仙台，分永顺兵、保靖兵各自进剿，约定在五月十三日抵达巢穴。义军退守永安力山，仍然被王阳明围困的大军打败，溃军为副将沈希仪斩杀。至此，大藤峡义军几乎全尽。

随后，王阳明上奏《处置八寨大藤峡以图永安疏》，布置善后工作：一是移筑南丹卫于八寨；二是将思恩府治迁到"四野宽衍皆膏腴之田，而后山起伏蜿蜒为平原环抱，涵蓄两水夹绕""四面山势重叠，盘回皆轩豁秀丽"的武缘县荒田驿，以便于贸易，开垦荒田；三是增筑守镇城堡于五屯。他还在当地创建敷文书院，兴办教育，用文德来感化当地民众。

曾有弟子问王阳明，用兵是不是有特定的技巧？王阳明回答："哪里有什么技巧，只是努力做学问，养得此心不动。如果你非要说有技巧，那此心不动就是唯一的技巧。"

此心光明

嘉靖七年（1528年）秋，王阳明在广西梧州平定思恩、田州之乱。十月，王阳明因"炎毒所中遂患咳痢之疾"益重，上疏请告乡养病。未等朝廷获准，就将广西政务交由郧阳巡抚林富代管，自带亲兵数人急急忙忙就往家乡余姚赶。

王阳明从广西梧州出发。他的病情日益加重，他在给弟子钱德洪的信中写道："区区病势日狼狈，自至广城又增水泻，日夜数行不得止，至今遂两足不能坐立。"

十一月二十五日，王阳明自广东南雄越梅岭到达南安府，在南安府调理养病。民间传说，王阳明抱病离开南安府，乘船顺章江而下经过黄龙地界时，听闻江南名刹丫山灵岩寺就在附近，遂上山朝敬。

入得寺来，经一禅房时，却见禅门紧闭，不让人进。王阳明觉得非常奇怪，便向高僧询问缘故。高僧说："我师父在圆寂前说，这间禅房要等到新建伯来了这里，才可以打开。"王阳明听后微微一笑，说道："我就是新建伯。我现在来了，可以打开来看吧？"高僧一听，即把禅房打开。王阳明进入禅房，发现房内除一张案几并无他物，案几上叠有数本佛经，经书上沾满灰尘。王阳明拂去尘土，将经书拿起，见经书下还压着一张纸，上有数行字。他拿起纸来轻声念读："五十七年王守仁，启吾钥，拂吾尘，若问前生事，开门人即是闭门人。"念完之后，王阳明细细琢磨，心想这不是说我自己吗！

王阳明不敢往下细想，立即带领随行人员出寺下山上船。待行至青龙铺时，王阳明即病逝船中，时年57岁。1920年版《大庾县志·卷十五杂类志·拾遗》对此也有记载。

十一月二十八日，王阳明登舟离开南安城。他的学生南安府推官周积前来拜见。王阳明尽管咳喘不已，仍起坐接见。周积关心师长的身体，王阳明说："病势危亟，所未死者，元气耳。"由此可见，王阳明已病入膏肓。是日晚，船泊时，王阳明问："何地？"侍者答："青龙铺。"第二日早八九点时，王阳明见了周积，很久很久才睁开眼睛说："吾去矣。"周积泪如雨下，问他有什么遗言留下。王阳明道："此心光明，亦复何言？"说完即闭目而逝。

1994年5月，日本阳明学专家学者等91人捐款在青龙铺王阳明去世地兴建了一座碑亭，名称"王阳明落星地纪念碑亭"。2014年10月，大余王氏联谊会捐资在丫山灵岩寺侧兴建了一座纪念碑亭，名称"阳明亭"。

王阳明去世之后，礼部尚书兼翰林学士桂萼奏其擅离职守，处理思、田、八寨之乱恩威倒置，又诋其擒濠军功冒滥，谤其"事不师古，言不称师，欲立异以为高""宜免追夺伯爵以章大信，禁邪说以正人心"。明世宗偏听偏信，乃下诏停止守仁世袭，不行赠谥诸典，并严禁阳明"伪学"。三十八年之后，隆庆元年（1567年）五月，明穆宗诏赠王阳明新建侯，谥文成。万历十二年（1584年），明神宗又下诏以王阳明从祀孔庙。王阳明就成为明代官方推崇的"内圣外王"的典型。

鲜虾山

　　嘉靖八年（1529年）正月，王阳明灵柩丧发南昌，二月至越。十一月，葬阳明于山阴兰亭之洪溪。

　　自成化十七年（1481年）迁居绍兴府城以后，王阳明一家便视山阴为自己的家乡。王阳明父亲王华和儿子王正亿的墓均在山阴境内。

　　王阳明墓位于绍兴市柯桥区兰亭镇花街村鲜虾山。因山南麓有溪水潺潺，呈现鲜虾跃水的场景，故取名鲜虾山，这里视野开阔，风景优美，是王阳明生前亲自选定的埋骨之地。墓地坐北朝南，北有鲜虾山为靠，山南麓有洪溪缠绕山脚，前方有大岗山回顾对景。

　　王阳明墓原有湛甘泉撰写的《阳明先生墓志铭》和朱珪等撰写的《王文成公墓碣》等。清康熙、乾隆年间曾多次修茸。乾隆四十九年（1784年）高宗弘历南幸，作过一次修缮，御赐"名世真才"题额并建四柱冲天式石牌坊于墓前。抗日战争时期，国民党驻绍部队将领陶广竖立墓碑。

　　王阳明是中国历史上罕见的全能大儒，不但善于统军征战，而且精通儒、释、道三教，将三家之精髓融于心学思想，倡导"知行合一""心即理""致良知"思想，远播海外，影响深远。王阳明是心学集大成者，其学术思想地位与孔子、孟子、朱熹三者齐名，并称为孔、孟、朱、王。

　　清代著名学者王士祯曾说："王阳明是明代的第一流人物，他在立德、立功、立言三个方面，皆居绝顶。"

附:《重修王阳明先生墓碑记》

王阳明，名守仁，字伯安，绍兴府余姚人。弘治十二年进士。历任刑部、兵部主事，左检都御史，巡抚南赣，总督两广，官至南京兵部尚书，封新建伯。先生，少颖悟，博览经籍，后倡导心学，主张"知行合一，以致良知"为旨归，世称"姚江学派"，于明中叶后，影响甚巨，播扬东瀛。嘉靖七年，先生兵卒于江西南安，享年五十有七。先生常讲学于山阴，且深有桑梓之念。故卒后由弟子王畿等扶柩归岳越，葬于今绍兴县兰亭花街鲜虾山南麓，明清间数修其墓。一九三七年，当地驻军军官常撰文立碑，此后渐次荒芜。一九八七年七月二十四日，绍兴县人民政府列其墓为县级重点文物保护单位，并成立王阳明墓修复委员会。一九八八年出资修墓，以浙江省社会科学院为中介，经日本国九州大学冈田武彦名誉教授发起，日本友人二百八十一名，集资赞助哲茔，赖复永垂，瞻仰爱为之记。修墓工程肇始于一九八八年九月十二日，竣工于一九八九年三月。

绍兴县王阳明墓修复委员会，一九八九年三月

王阳明年表

成化八年九月三十日（1472年10月31日），生于浙江余姚。

成化十八年（1482年），从余姚迁入北京。

弘治元年（1488年），前往江西南昌迎娶表妹诸氏，舅父时任江西省布政司参议（省政府秘书长，从四品）。

弘治五年（1492年），参加浙江乡试中举人。

弘治六年（1493年），第一次参加（进士）会试不中。

弘治九年（1496年），第二次参加（进士）会试不中。

弘治十二年（1499年），第三次参加会试中进士，首授工部。

弘治十三年（1500年），升授刑部云南清吏司主事，正六品。

弘治十七年（1504年），主考山东乡试，不久改授兵部武选清吏司主事。

弘治十八年（1505年），开始授徒讲学。

正德元年（1506年），由于抗疏援救南京户科给事戴铣、四川道御史薄彦微等人，被贬为贵州龙场驿驿丞（无品，从九品下）。

正德五年（1510年）三月，离开贵州，升任江西庐陵县知县（正七品）；十二月，升任南京刑部四川清吏司主事。

正德六年（1511年）正月，调任吏部验封清吏司主事；二月，担任会试同考官；十月，升任文选清吏司员外郎（从五品）。

正德七年（1512年）三月，升任考功清吏司郎中（正五品），十二月，升任南京太仆寺少卿（正四品）。

正德九年（1514年）四月，升任南京鸿胪寺卿（正四品）。

正德十一年（1516年），升任右佥都御史（正四品）巡抚南赣、汀、漳。

正德十二年（1517年）九月，改授提督（正四品）南赣、汀、漳等处军务，给旗牌，得便宜行事。

正德十三年（1518年）六月，升任都察院右副都御史（正三品），荫子锦衣卫，世袭万户，再进副千户。

正德十四年（1519年）六月，宁王朱宸濠在南昌反叛起事；七月二十七日，王阳明生擒朱宸濠与"其世子、郡主、将军、仪宾及伪太师、国师、元帅、参赞、尚书、都督、都指挥、千百户等官"。

正德十五年（1520年）九月，在南昌初识王艮。

正德十六年（1521年）六月，升南京兵部尚书（正二品），不就；十二月，加封光禄大夫（从一品）、柱国（从一品）、爵新建伯。但受权臣的嫉妒和排斥，"不予铁券，岁禄亦不给"。

嘉靖元年（1522年），父亲王华病逝。

嘉靖六年（1527年）五月，朝廷命王阳明以原官兼任都察院左都御史（正二品），前往广西征讨思恩、田州少数民族之乱。朝廷命王阳明总督两广及江西、湖广军务，并责以体国为心，不得循例辞避；九月，应王畿、钱德洪所请，"天泉证道"出现。

嘉靖七年十一月二十九日（1529年1月9日），王阳明终因病情恶化而卒于归途南安（今福建南安）；明世宗偏听偏信佞言，乃下诏停止王阳明世袭，不行赠谥诸典，并严禁阳明"伪学"。

隆庆元年（1567年），明穆宗诏赠王阳明新建侯，谥文成。

万历十二年（1584年），明神宗下诏以王阳明从祀孔庙。

第三章

《传习录》选译

徐爱录①

徐爱（1487—1518年），字曰仁，号横山，浙江省余姚马堰人，为王阳明最早的入室弟子之一，据说也是王阳明的妹夫。明朝正德三年（1508年），进士及第。曾任祁州知州，南京兵部员外郎，南京工部郎中等职务。曾与阳明说起他的梦境：在山间遇一和尚，和尚预言他"与颜回同德，亦与颜回同寿"。正德十一年（1516年），回家乡省亲，不料正德十三年（1518年）农历五月十七日就在家乡去世了，终年31岁。阳明闻其死讯，大呼："天丧我！天丧我！"徐爱生前期望为阳明出《传习录》，后钱德洪完成其遗愿。

【原文】

爱问："知止而后有定，朱子以为事物物皆有定理，似与先生之说相戾。"

先生曰："于事事物物上求至善，却是义外也。至善是心之本体。只是明明德到至精至一处便是，然亦未尝离却事物。本注所谓'尽夫天理之极，

① 叶圣陶.传习录[M].北京：北京时代华文书局，2014.

本章引文均出自本书，以下不再出注。

本章对《传习录》中体现王阳明心学思想内涵的主要章节、段落进行摘译，对原文言文中有的标点符号做了改动，对原文言文中有的通假字做了替换，对原文言文中有的章节做了段落划分。

而无一毫人欲之私'者得之。"

【译文】

徐爱问："《大学》中的知止而后有定（知道应该达到的境界才能够使自己志向坚定；志向坚定才能够镇静不躁；镇静不躁才能够心安理得；心安理得才能够思虑周详；思虑周详才能够有所收获）这句话，朱熹先生认为事事物物皆有定理，似乎和先生的说法相反。"

先生说："对事事物物都按照礼仪道德要求去做，那就是将礼仪道德看成在心之外的事情了。礼仪道德的最高标准是心的本体。只是将明明德做到极致从而回归到自然的状态，这样就是至善，但是也不能脱离事物的本原。像朱熹的《大学章句》中的尽夫天理之极，而无一毫人欲之私就是这种状态的形象表述。"

【原文】

爱问："至善只求诸心，恐于天下事理有不能尽。"

先生曰："心即理也。天下又有心外之事，心外之理乎？"

爱曰："如事父之孝，事君之忠，交友之信，治民之仁，其间有许多理在，恐亦不可不察。"

先生叹曰："此说之蔽久矣，岂一语所能悟；今姑就所问者言之。且如事父不成去父上求个孝的理，事君不成去君求个忠的理，交友治民不成去友上、民上求个信与仁的理，都只在此心，心即理也。此心无私欲之蔽，即是天理，不须外面添一分。以此纯乎天理之心，发之事父便是孝，发之事君便是忠，发之交友治民便是信与仁。只在此心去人欲、存天理上用功便是。"

爱曰："闻先生如此说，爱已觉有省悟处。但旧说缠于胸中，尚有未脱然者。如事父一事，其间温清定省之类，有许多节目，不知亦须讲求否？"

先生曰："如何不讲求？只是有个头脑，只是就此心去人欲、存天理上讲求。就如讲求冬温，也只是要尽此心之孝，恐怕有一毫人欲间杂；讲求夏清，也只是要尽此心之孝，恐怕有一毫人欲间杂，只是讲求得此心。此心若无人欲，纯是天理，是个诚于孝亲的心，冬时自然思量父母的寒，便自要去求个温的道理，夏时自然思量父母的热，便自要去求个清的道理。这都是那诚孝的心发出来的条件。却是须有这诚孝的心，然后有这条件发出来。譬之树木，这诚孝的心便是根，许多条件便是枝叶，须先有根然后有枝叶，不是先寻了枝叶，然后去种根。《礼记》言：孝子之有深爱者，必有和气；有和气者，必有愉色；有愉色者，必有婉容。须是有个深爱做根，便自然如此。"

【译文】

徐爱问："至善只在心上求，恐怕对天下的事理，做不到穷尽吧？"

先生回答道："心就是理，所以世界上怎么会有心外的事和理呢？"

徐爱又问："比如对父亲的孝敬，对国君的忠诚，对朋友的信义，治理国家事务时对民众的仁政，其中要求和礼数，应该有必要研究和探讨吧？"

先生感叹道："这种说法给人思想上带来的困惑和蒙蔽已经很久了，哪能一句话就说清楚，只能暂时回答，就你所问的问题。譬如孝敬父亲，难道还要研究探讨为什么要孝敬？侍奉国君，难道还要研究探讨为什么要忠诚？结交朋友，还要问为什么要对朋友有诚信和道义？治理国家，还要问为什么要仁政？孝、忠、信、仁都应该是出自自己的本心，是不用思考就必须要做到的。心就是理。人心没有私欲的蒙蔽，就是天理，不需要再增加一丝一毫的东西。这种本心和自发行为，用在对待父亲上就是孝，用在侍奉国君上就是忠，用在结交朋友和治理民众上就是信义和仁政。只要在去除个人的私欲，保存本心，遵循礼仪道德方面用功就行。"

徐爱说："听先生的解释，我已经有所醒悟。但是有些过去的观点还是让我困惑，还存在没有彻底明白的地方。比如孝敬父亲，其中的冬天使父母温暖、夏天使父母凉快、晚上服侍父母就寝、早上去给父母问安等，有许多礼数和要求，是不是需要来探讨一下？"

先生说："怎么能不探讨？只是要分清哪个根本，哪个是现象，根本是要保持内心的纯净、培养遵循礼仪道德的良好品质。比如冬天使父母温暖，夏天使父母凉快，是发自内心对父母的孝敬，没有一丝一毫杂念掺杂在其中。这样做是出自本心的一种行为。这份心如果没有掺杂人的私欲，完全按照礼仪道德的要求去做的，那就是一颗真诚孝敬父母的心。冬天到来的时候自然就会想到父母就要经历寒冷，自己去就会想办法让父母保暖；夏天到来的时候自然就会想到父母就要经历酷暑，自己去就会想办法让父母凉快。这些都是那颗真诚孝敬父母的心产生的自然行为。但是，必须有孝敬父母的真心，才会有孝敬父母的这些自然行为。就像树木，孝敬父母的真心是根，行为的表现是枝叶。必须先有根，然后才有枝叶。不是找到枝叶，然后再去种树根。《礼记》上说，如果孝子对父母有真心地敬爱，心中就必然充满和善温顺之气；心中充满和善温顺之气，脸上就表现为和颜悦色；和颜悦色的人，必然有和善温顺之气。正是有了对父母的爱这个根本，就自然有了和善温顺、和颜悦色。"

【原文】

爱因未会先生"知行合一"之训，与宗贤、惟贤往复辩论，未能决，以问于先生。

先生曰："试举看。"

爱曰："如今人尽有知得父当孝、兄当悌者，却不能孝、不能悌，便是知与行分明是两件。"

先生曰："此已被私欲隔断，不是知行的本体了。未有知而不行者。知而不行，只是未知。圣贤教人知行，正是要复那本体，不是着你只恁地便罢。故《大学》指个真知行与人看，说如好好色，如恶恶臭。见好色属知，好好色属行。只见那好色时已自好了，不是见了后又立个心去好。闻恶臭属知，恶恶臭属行。只闻那恶臭时已自恶了，不是闻了后别立个心去恶。如鼻塞人虽见恶臭在前，鼻中不曾闻得，便亦不甚恶，亦只是不曾知臭。就如称某人知孝、某人知悌，必是其人已曾行孝行悌，方可称他知孝知悌，不成只是晓得说些孝悌的话，便可称为知孝悌。又如知痛，必已自痛了方知痛，知寒，必已自寒了；知饥，必已自饥了。知行如何分得开？此便是知行的本体，不曾有私意隔断的。圣人教人，必要是如此，方可谓之知，不然，只是不曾知。此却是何等紧切着实的工夫！如今苦苦定要说知行做两个，是甚么意？某要说做一个，是甚么意？若不知立言宗旨，只管说一个两个，亦有甚用？"

爱曰："古人说知行做两个，亦是要人见个分晓，一行做知的工夫，一行做行的工夫，即工夫始有下落。"

先生曰："此却失了古人宗旨也。某尝说知是行的主意，行是知的工夫；知是行之始，行是知之成。若会得时，只说一个知，已自有行在；只说一个行，已自有知在。古人所以既说一个知又说一个行者，只为世间有一种人，懵懵懂懂的任意去做，全不解思惟省察，也只是个冥行妄作，所以必说个知，方才行得是；又有一种人，茫茫荡荡悬空去思索，全不肯着实躬行，也只是个揣摩影响，所以必说一个行，方才知得真。此是古人不得已补偏救弊的说话，若见得这个意时，即一言而足。今人却就将知行分作两件去做，以为必先知了然后能行，我如今且去讲习讨论做知的工夫，待知得真了方去做行的工夫，故遂终身不行，亦遂终身不知。此不是小病痛，其来已非一日矣。某今说个知行合一，正是对病的药。又不是某凿空杜撰，知行本体原是如此。今若知得宗旨时，即说两个亦不妨，亦只是一个；若不会宗旨，便说一个，亦济得甚事？只是闲说话。"

【译文】

徐爱因为还没有领会阳明先生的"知行合一"的训示，与黄绾、顾应祥反复辩论探讨，没有得出满意的结论，于是向阳明先生请教。

先生说："你举个例子来看。"

徐爱说："现在的人都知道对父亲应该孝顺，对兄长应该尊敬。但是却做不到对父亲孝顺，对兄长尊敬。这样来看，知与行不成了两件事吗？"

先生说："这是被个人的私欲迷惑了，已经不是知与行的本来意义了。没有知而不行的人，知而不行，就是没有做到认知。圣贤之人教人知行，正是要恢复知行得的本体。不是让你只认知就可以了。所以《大学》中指出真正的知行给人看。就像喜欢美色和厌恶臭气一样，看到美色属知，喜好美色属行。只要看到美色之时，心中就已经喜欢了。并不是看到后又单独建立一个心去爱好。闻到难闻的气味属于知，厌恶难闻的气味属于行。只要闻到那难闻的气味时，厌恶之心就已经有了，并不是闻到后又另建立一个心厌恶。如鼻子塞住的人虽然看到了难闻的东西在眼前，但由于鼻子闻不到，也就不很厌恶，这并不是不知道臭气。就像说某人知道孝顺父母，知道敬爱兄长，一定是这个人曾经做过孝顺父母、敬爱兄长的事情，才可以说他孝顺父母、敬爱兄长。并不是只知道说一些孝顺父母、敬爱兄长的话，就可以称为知道孝顺父母、敬爱兄长了。又比如知道痛楚，必定是自己已经经历痛楚了才知道痛楚。知道寒冷，一定是经历过寒冷。知道饥饿，一定是经历过饥饿。知与行怎么能分得开？这就是知行的本来面目，没有任何的私欲在其中。圣人教导人，只有这样，才可以称之为知，否则的话，就不能称为知。这里是何等紧要切实的工夫啊！如今却非要固执地把知行说成两件事，这是什么道理？而我又说知行称为一件事，又是什么用意呢？如果不懂得立言的目的，只管去追究知行是一件事还是两件事，又有什么用处？"

徐爱说："古人把知行说成两件事，也是要人有所分辨。一边做知的工夫，一边做行的工夫。这样所做工夫才能达到目的。"

先生说："这样就是没有真正理解古人主要的意图。我曾经说过认知是践行的主旨，践行是认知的结果。如果真把握了知行的实质，只说认知，就已经在践行里面了；只说践行，就已经包含认知了。古人之所以说一个知又说一个行的原因，因为世上有一种人，稀里糊涂，完全不知道思索省察，只是盲目而为，所以一定要提出认知的重要性，方才能够践行正确。还有一种人，模模糊糊的，凭空思索，完全不愿意亲身实践，也只是揣度空想，以一定要提出践行的重要性，方才知道落实到行动。这是古人不得已，为了补救弊病偏颇的言论。若是领会了其中要义，一句话就足够说清楚了。现在的人却就将认知和践行分作两件事去做，以为一定要先有认知，然后才能践行。我现在如果讨论如何做认知的工夫，等到认知得真切了，再去做践行的工夫，这样也许终身都不能去践行，也终身得不着认知。这不是小毛病，由来不短了。我现在讲求知行合一，正是对症的良药，并不是我凭空杜撰的，认知与践行原本就是这样的。如果明白了其中的要领，就算把它们说成两件事也没有关系，本质上是同一件事。如果没有领会，就算把它们说成一件事，又有什么用呢？只是说些无用的话而已。"

【原文】

爱问："尽心知性何以为生知安行？"

先生曰："性是心之体，天是性之原，尽心即是尽性。惟天下至诚为能尽其性，知天地之化育。存心就是没有尽心。知天的知犹如知州、知县的知，是自己分上事，已与天为一。事天如子之事父、臣之事君，须是恭敬奉承，然后能无失。尚与天为二，此便是圣贤之别。至于夭寿不贰其心，乃是教学者一心为善，不可以穷通夭寿之故，便把为善的心变动了。只去修身以俟命，见得穷通夭寿有个命在，我亦不必以此动心。事天，虽与天为二，已自见得个天在面前。俟命，便是未曾见面，在此等候相似，此便是初学立心之始，有困勉的意在。今却倒做了，所以使学者无下手处。"

【译文】

徐爱问："充分发挥心中的良知良能，认识人性，为什么是那些不用学习而懂得道理的人才能够做的事呢？"

先生："性是心的本体，天是性的根源。尽心也就是尽性。《中庸》上面说，惟天下至诚为能尽其性，知天地之化育。存心就是没有尽心。知天的知犹如知州、知县的知，是自己应该做的，是天人合一。事天犹如子侍父、臣事君一样，务必毕恭毕敬地侍奉方可无闪失。此时，还是与天相对为二，这就是圣与贤的区别所在。至于夭寿不二，它是教育人们一心向善，不能因环境优劣或寿命长短而把为善的心改变了。只去修身等待命运安排，认识到人的困厄通达长寿短命是命中注定，我也不因此而心动。事天，虽与天相对为二，但已看见天正在眼前。俟命，就是不曾见面，在这里等待，这就是初学的人树立志向的开端，有一迎难而上、惕砺自强的精神。而朱熹则与此相背，因此使学习的人无从着手。"

【原文】

又曰："知是心之本体，心自然会知：见父自然知孝，见兄自然知悌，见孺子入井自然知恻隐，此便是良知不假外求。若良知之发，更无私意障碍，即所谓'充其恻隐之心，而仁不可胜用矣'。然在常人不能无私意障碍，所以须用致知格物之功胜私复理。即心之良知更无障碍，得以充塞流行，便是致其知。知致则意诚。"

【译文】

先生又说："良知是心的本体，心的本性就具备良知。见到父来自然知道孝敬，见到兄长自然知道顺敬，见到小孩掉进井里就自然知道同情不忍，这就是良知，不必到心外去寻求。如果良知能发出来，没有私欲阻碍，就是所谓的充分生发同情不忍之心，仁慈之心就没有用尽的时候。然而对常人来说，不能完全去除内心私欲的障碍，所以必须要用致知格物的工夫，摒除私欲，恢复天理，本心中的良知不再有私欲的障碍，得以发挥无碍，就能流动充满每一个角落，这就是达到了良知。达到了良知，自然就能意诚了。"

【原文】

爱问："先生以'博文'为'约礼'工夫。深思之，未能得，略请开示。"

先生曰："'礼'字即是'理'字。理之发见可见者谓之'文'。'文'之隐微不可见者谓之'理'，只是一物。'约礼'只是要此心纯是一个天理。"

【译文】

徐爱问："先生以为通晓古代文献是用礼约束自己的工夫。我深思之后，还是没能理解，请先生略微讲解一下。"阳明先生说："'礼'字就是'理'字。'理'所表现出来的可以看到的就是'文'。'文'隐微不现就称之为'理'，实际是一个东西。'约礼'就是要求人心纯然和天理相符合。"

陆澄录

陆澄，字原静，又字清伯，湖之归安人（今浙江吴兴）。进士。官至刑部主事。王阳明曾经叹曰："日仁（徐爱）殁，吾道益孤，至望原静者不浅。"自第一位学生徐爱英年早逝后，王阳明即将弘扬心学的期望寄托于陆澄。《答陆原静书》集中体现了王阳明良知学说。

【原文】

陆澄问："主一之功，如读书则一心在读书上，接客则一心在接客上，可以为主一乎？"

先生曰："好色则一心在好色上，好货则一心在好货上，可以为主一乎？是所谓逐物，非主一也。主一是专主一个天理。"

【译文】

陆澄问："关于主一的工夫，比如，读书就一心在读书上用工夫，接待客人就一心在接待客人用工夫，这能否称为主一的工夫呢？"

阳明先生回答说："迷恋美色就一心在迷恋美色上用工夫，贪爱财物就一心在贪爱财物上用工夫，这能称主一吗？这只叫逐物，不叫主一。主一，就是一心专注在天理上。"

【原文】

问立志。

先生曰："只念念要存天理，即是立志。能不忘乎此，久则自然心中凝聚，犹道家所谓'结圣胎'也。此天理之念常存，驯至于美大圣神，亦只从此一念存养扩充去耳。"

【译文】

陆澄向先生请教如何立志。

先生说："只要念念不忘存天理，就是立志。能时刻不忘存天理，久而久之天理自然就在心中凝聚，这就如道家所说的结圣胎。天理的意念常存，能渐渐达到孟子讲的美、大、圣、神境界，也只是从这一意念存养扩充延伸而达到的。"

【原文】

问上达工夫。

先生曰："后儒教人才涉精微，便谓上达未当学，且说下学。是分下学、上达为二也。夫目可得见，耳可得闻，口可得言，心可得思者，皆下学也；目不可得见，耳不可得闻，口不可得言，心不可得思者，上达也。如木之栽培灌溉，是下学也；至于日夜之所息，条达畅茂，乃是上达，人安能预其力哉？故凡可用功可告语者皆下学，上达只在下学里。凡圣人所说，虽极精微，俱是下学。学者只从下学里用功，自然上达去，不必别寻个上达的工夫。"

【译文】

陆澄向先生请教通达仁义的工夫。

先生说："后世的儒者教导人时，刚涉及精深幽微之处，就说通达仁义不适合学，只教人情事理的基本常识。这样就是将通达仁义之学不合人情事理的基本常识之学一分为二了。凡是眼睛看得见的，耳朵听得到的，嘴说得清的，心可以思考的，都是人情事理的基本常识之学。眼睛看不见的，耳朵听不到的，嘴说不清的，心想不到的，就是通达仁义。就像树木的栽培灌溉是人情事理的基本常识，树木日夜生长，枝叶生繁茂，就是通达仁义，人怎么能预先努力这些呢？所以凡是可以用功、可以告知的都是人情事理的基本常识，通达仁义也只是在人情事理的基本常识里。凡是圣人说的，哪怕极其精深微妙，也都是些人情事理的基本常识，求学的人只需从人情事理的基本常识里用功，自然会通达仁义，不需要另外去寻找一个通达仁义的工夫。"

【原文】

问："宁静存心时，可为未发之中否？"

先生曰："今人存心，只定得气。当其宁静时，亦只是气宁静，不可以为未发之中。"

曰："未便是中，莫亦是求中工夫？"

曰："只要去人欲、存天理，方是工夫。静时念念去人欲、存天理，动时念念去人欲、存天理，不管宁静不宁静。若靠那宁静，不惟渐有喜静厌动之弊，中间许多病痛，只有潜伏在，终不能绝去，遇事依旧滋长。以循理为主，何尝不宁静？以宁静为主，未必能循理。"

【译文】

陆澄问："此心处于宁静的状态时，可以算是喜欢、愤怒、悲哀、快乐等各种情感没有向外表露吗？"

先生说："现在的人保存本心，培养善性，只是让自己心气安定。当他们宁静的时候，也只是气的宁静，不能算是喜欢、愤怒、悲哀、快乐等各种情感没有向外表露。"

陆澄又问："未就是中，不也是求中的工夫吗？"

先生说："只有去人欲、存天理，才是工夫。静时念念不忘去人欲、存天理，动时念念不忘去人欲、存天理，不管是否宁静。如果仅仅依靠宁静宁静，不但会渐渐有喜静厌动的弊端，而且中间有许多问题被掩盖着，终不能去除，遇到事情，就会重新作再发。以遵循天理为主，怎么会不宁静？而以宁静为主，未必能做到遵循天理。"

【原文】

问："看书不能明，如何？"

先生曰："此只是在文义上穿求，故不明。如此，又不如为旧时学问。他到看得多，解得去。只是他为学虽极解得明晓，亦终身无得。须于心体上用功。凡明不得，行不去，须反在自心上体当，即可通。盖四书、五经不过说这心体，这心体即所谓'道心'，体明即是道明，更无二，此是为学头脑处。"

"虚灵不昧，众理具而万事出。心外无理，心外无事。"

【译文】

陆澄问："看书却不能理解，怎么办？"

先生说："这都是因为只追求文字表面意思，所以不能理解。如果这样看书，如果要这样学，不如去学以前朱熹的学问，这样书能读明白。但是，他书读得多，也能讲解。不过他虽然把那书讲解得十分明白，但对于自己，却终其一生一无所获。所以必须在心体上用功。凡是读不懂，行不通的地方，必须反身自问在自己心体上体会，就能通达。四书五经，不过都是说个心体，这心体就是道心，心体明白，就是大道彰明。这是学问的头脑处，是为学的宗旨。"

"当心达到纯是天理、虚灵不昧或者说致良知状态的时候，也就是一个人的心达到非常寂然、专一、虚静的时刻，那么万事万物的道理就会自动显现。所以说，心外没有理，心外没有物。"

【原文】

或问："晦庵先生曰，人之所以为学者，心与理而已。此语如何？"

曰："心即性，性即理，下一'与'字，恐未免为二。此在学者善观之。"

或曰："人皆有是心，心即理。何以有为善，有为不善？"

先生曰："恶人之心，失其本体。"

【译文】

有人问："晦庵先生说：'人之所以为学者，心与理而已。'这句话正确吗？"

先生说："心即性，性即理，说一个'与'字，未免是将一个东西分为两个了。这需要学者善于正确地理解。"

有人问："人都有一颗心，心就是理。为什么有人行善，有人行不善呢？"

先生说："恶人的心，失去了心的本体。"

【原文】

澄问："仁、义、礼、智之名，因已发而有？"

曰："然。"

他日澄曰："恻隐、羞恶、辞让、是非，是性之表德邪？"

曰："仁、义、礼、智也是表德。性一而已，自其形体也谓之天，主宰也谓之帝，流行也谓之命，赋于人也谓之性，主于身也谓之心。心之发也，遇父便谓之孝，遇君便谓之忠。自此以往，名至于无穷，只一性而已。犹人一而已，对父谓之子，对子谓之父，自引以往，至于无穷，只一人而已。人只要在性上用功，看得一性字分明，即万理灿然。"

【译文】

陆澄问："仁、义、礼、智的名称，是心性已发才出现的吗？"

先生说："是的。"

一天，陆澄又问："恻隐、羞恶、辞让、是非之心，都是天性的表现吗？"

先生说："仁、义、礼、智也属于天性的事物。天性只有一个，就形体而言称之为天，就主宰而言称之为帝，就其流行而言称之为命，就赋予人而言称之为性，就主宰人身而言称之为心。心的活动，遇父就为孝，遇君就为忠。以此类推，名称可达无穷之多，但也仅一个性而已。比如人就是这么一个人，对父亲而言为子，对儿子而言为父，以此类推，名称可达无穷之多，但只是一个人而已。人只要在天性上用功，把性字认识清楚了，那么，天下的道理也就明白了。"

【原文】

"定者，心之本体，天理也。动静，所遇之时也。"

【译文】

内心安定，是心的本体，也就是天理。动和静是在不同的环境下内心安定的具体表现。

【原文】

先生曰：一阴一阳之谓道，但仁者见之便谓之仁，知者见之便谓之智，百姓又日用而不知，故君子之道鲜矣。

【译文】

先生说："《周易·系辞上》说，阴阳的交替变化叫作道。仁者从自己的角度看，把它叫作仁；智者从自己的角度看，把它叫作智。平民百姓每天接触阴阳之道而不懂得，因此君子之道就很少有人知道了。"

【原文】

问孟子言"执中无权犹执一"。

先生曰："中只是天理，只是易，随时变易，如何执得？须是因时制宜，难预先定一个规矩在。如后世儒者要将道理一一说得无罅漏，立定个格式，此正是执一。"

【译文】

陆澄就孟子说的"执中无权犹执一"（僵化地只知中庸之道，而不懂变通，不懂因时而变，因事而变，这就是执着于一种方法，不可取）这句话请教阳明先生。

先生说："中道便是天理，便是权变。随时而变，又如何可以执着？必须因时制宜，很难预先设定一个标准。后世的儒者，要把各种道理阐述得没有纰漏，确立一个固定的格式，这正是执着于一。"

【原文】

"克己须要扫除廓清，一毫不存，方是。有一毫在，则众恶相引而来。"

【译文】

先生说："克制自己务必要将私心彻底扫除干净，一点私欲没有才算可以。有一点私欲存在，众多的恶念就会接踵而至。"

【原文】

问："道一而已，古人论道，往往不同，求之亦有要乎？"

先生曰："道无方体，不可执着。欲拘滞于文义上求道，远矣。如今人只说天，其实何尝见天？谓日、月、风、雷即天，不可；谓人、物、草、木不是天，亦不可。道即是天，若识得时，何莫而非道。人但各以其一隅之见，认定以为道止如此，所以不同。若解向里寻求，见得自己心体，即无时无处不是此道。亘古亘今，无终无始，更有甚同异？心即道，道即天。知心则知道、知天。"

又曰："诸君要实见此道，须从自己心上体认，不假外求，始得。"

【译文】

陆澄问："孟子曾说道一而已（其实道理本来就是一样的），然而古人论道却往往不同，那么求道有什么要领吗？"

先生说："道没有特定的形态，所以不能执着，如果拘泥在文字上求道，就离道越来越远了。好比现在的人们谈论天，其实何尝真正识得天？把日、月、风、雷认作天，肯定是不对的。把人、物、草、木认作天，肯定也是不对的。真正的天是什么？道就是天。如果明白这一点的话，就会发现道无处不在，无时不有。人们局限在自己的认知半径内，就说道是这样的，道是那样的，如盲人摸象一般，各执己见，所以给出了不同的结论。如果是向内求，认识到心之本体，就可以体会到无时无处不是道，从古至今，自始至终，道没有什么不同。心就是道，道就是天，知心就可以知道、知天。"

先生又说："各位要真正地领悟大道，只能从自己心上体认，而不是向外求索。"

【原文】

问："名物度数，亦须先讲求否？"

先生曰："人只要成就自家心体，则用在其中。如养得心体，果有未发之中，自然有发而中节之和，自然无施不可。苟无是心，虽预先讲得世上许多名物度数，与己原不相干，只是装缀，临时自行不去。亦不是将名物度数全然不理，只要知所先后则近道。"

又曰："人要随才成就，才是其所能为。如夔之乐、稷之种，是他资性合下便如此。成就之者，亦只是要他心体纯乎天理，其运用处，皆从天理上发来，然后谓之才。到得纯乎天理处，亦能不器，使夔、稷易艺而为，当亦能之。"

又曰："如素富贵行乎富贵，素患难行乎患难，皆是不器。此惟养得心体正者能之。"

【译文】

陆澄问："世间事物千千万，都有对它们的详细描述，应不应该先去学习、掌握、理解明白它们？"

先生说："人只要能成就自己的心体，那么运用就包含在其中了。倘若把心体修养得真有一个未发之中，情欲发出来自然会符合中正平和，自然是做什么都没有问题。如果没有这颗心，即使事先学得了许多名物度数，与自己却毫不相干，仅是临时撑撑门面，自然不能处事应物。当然，这并不是说不要去学好名物度数，只是要知道做事的先后顺序，这就接近圣道了。"

先生又说："一个人所能做到的就是要顺从自己的才能作出成就。就像夔擅长音乐，后稷精于庄稼的种植，他们的天性适合从事这样的工作。成就一个人，也就是要让他的心体纯然合乎天理。他做事都是顺从天理，然后后世才会把他当作有才能的人。心体达到纯然合乎天理的时候，就会成为不器之才。如果交换夔和稷所从事的事业，他们同样也会做得到。"

先生又说："《中庸》中说的处于富贵，就做富贵时能做的事。处于患难，就做患难中能做的事，都是不器的意思。这些都只有那些存养心体达到纯正的人才能做到。"

【原文】

澄问："喜、怒、哀、乐之中和，其全体常人固不能有，如一件小事当喜怒者，平时无有喜怒之心，至其临时，亦能中节，亦可谓之中和乎？"

先生曰："在一时一事，固亦可谓之中和。然未可谓之大本、达道。人性皆善，中、和是人人原有的，岂可谓无？但常人之心既有所昏蔽，则其本体虽亦时时发见，终是暂明暂灭，非其全体大用矣。无所不中，然后谓之大本；无所不和，然后谓之达道。惟天下之至诚，然后能立天下之大本。"

曰："澄于中字之义尚未明。"

曰："此须自心体认出来，非言语所能喻。中只是天理。"

曰："何者为天理？"

曰："去得人欲，便识天理。"

曰："天理何以谓之中？"

曰："无所偏倚。"

曰："无所偏倚是何等气象？"

曰："如明镜然，全体莹彻，略无纤尘染著。"

曰："偏倚是有所染著，如着在好色、好利、好名等项上，方见得偏倚。若未发时，美色、名、利皆未相著，何以便知其有所偏倚？"

曰："虽未相著，然平日好色、好利、好名之心原未尝无，既未尝无，即谓之有，即谓之有，则亦不可谓无偏倚。譬之病疟之人，虽有时不发，而病根原不曾除，则亦不得谓之无病之人矣。须是平日好色、好利、好名等项一应私心扫除荡涤，无复纤毫留滞，而此心全体廓然，纯是天理，方可谓之喜、怒、哀、乐未发之中，方是天下之大本。"

【译文】

陆澄问："喜怒哀乐的（未发之前和已发之后的）中和，总体来说普通人无法都具有。譬如遇到一件小事该有所喜怒的，平素没有喜怒之心，到事情来临的时候也能发而中节，这也能称作中和吗？"

先生说："就在一时一事而言，当然可以称之为中和，但并不能说达到了大本、达道的境界。人性都是善良的。中、和是人人生来就有的，岂能说没有？但是平常的心既然被愚昧无知蒙蔽，他的本体也能不时地显现，但终归是时明时灭，不是心的全体大用。无所不中，然后才能称为大本；无所不和，然后才能称为达道。唯有拥有天下的至诚（之心），方能确立天下的大本。"

陆澄说："我还没有完全明白中的意思。"

先生说："这须从心体上去体会感悟，不是言语能够说清楚的。中就是天理。"

陆澄说："什么是天理？"

先生说："去除私欲，就能认识天理。"

陆澄说："天理为什么称中？"

先生说："是笔直而无偏斜的意思。"

陆澄说："笔直而无偏斜，是个什么样的景象？"

先生说："像明镜一样，通体晶莹透彻，没有一点尘埃的污染。"

陆澄说："偏倚是被爱欲之心浸染，例如沾染在好色、好利、好名等方面，方才能看出偏倚。如果心中的私意未萌发，好美色、好名气、好财利的私心都未显现，又怎么知道有所偏倚呢？"

先生说："虽然还没有显现出来，但平日里好色、好利、好名之心并非没有。既然不是没有，就称作有，既然是有，就不能称为无所偏倚。好比某人患了疟疾，虽有时不犯病，但病根没有拔除，也就不能说他是健康之人。必须把平时的好色、好利、好名等等一切私欲全部清理干净，没有有一丝一毫的遗留，这样心中就空旷安静，真正体现天理的本质，才能称之为喜怒哀乐未发之中，这才是天下之大本。"

【原文】

尚谦问孟子之不动心与告子异。

先生曰："告子是硬把捉着此心，要他不动；孟子却是集义到自然不动。"

又曰："心之本体，原自不动。心之本体即是性，性即是理。性元不动，理元不动。集义是复其心之本体。"

【译文】

尚谦向先生请教孟子所说的"不动心"和告子说的"不动心"区别在哪里。

先生说："告子是硬抓着这颗心，强制它不动；孟子是汇集了浩然之气，做到了自然不动。"

先生又说："心之本体，原本都是不动的。心之本体就是天性，天性就是天理。天性原本不动，天理原本不动。积善合道就是恢复心之本体。"

【原文】

"万象森然时，亦冲漠无朕；冲漠无朕，即万象森然。冲漠无朕者，'一'之父；万象森然者，'精'之母。'一'中有'精'，'精'中有'一'。"

"心外无物。如吾心发一念孝亲，即孝亲便是物。"

【译文】

先生说："道法自然，人心清静，如水自然沉静，宇宙万象自然映现在心中，这时万物皆备于一心。所谓'冲漠无朕'，是'一'的父亲；而'万象森然'，是'精'的母亲。'一'中有'精'，'精'中有'一'。"

先生说："心外无物。如我的心发出一个孝敬父母双亲的念头，那么孝敬父母双亲就是物。"

【原文】

问："延平云，'当理而无私心'。当理与无私心，如何分别？"

先生曰："心即理也。无私心即是当理，未当理便是私心。若析心与理言之，恐亦未善。"

又问："释氏于世间一切情欲之私，都不染着。似无私心，但外弃人伦。却是未当理。"

曰："亦只是一统事。都只是成就他一个私己的心。"

【译文】

陆澄问："延平说'合而无私心'。合理和没有私心，怎么区别呢？"

先生说："人心就是天理。没有私心就是合乎理，不有合乎天理就是存有私心。如果把心和理分开来说，恐怕不太好。"

陆澄又问："佛家于世间一切情欲之私都不沾染，似乎是没有私心，但是将家庭和外在人伦关系一概抛弃，却也不合乎天理。"这怎么理解没有私心就是合乎天理呢？

先生说："佛家的不要情欲，跟世人的要情欲是一回事，都是成就自己的私心而已。"

薛侃录

薛侃（1486—1546年），字尚谦，因曾讲学中离山，世人称中离先生。明代潮州府揭阳人（今潮州市潮安区）人。薛侃为官清正刚直，"行义在乡里，名节在朝野"，他传阳明学入岭南，《明史》称"自是王氏学盛行于岭南"。

【原文】

侃去花间草，因曰："天地间何善难培，恶难去？"

先生曰："未培未去耳。"少间，曰："此等看善恶，皆从躯壳起念，便会错。"

侃未达。

曰："天地生意，花草一般。何曾有善恶之分？子欲观花，则以花为善，以草为恶。如欲用草时，复以草为善矣。此等善恶，皆由汝心好恶所生，故知是错。"

曰："然则无善无恶乎？"

曰："无善无恶者理之静，有善有恶者气之动。不动于气，即无善无恶，是至善。"

曰："佛氏亦无善无恶，何以异？"

曰："佛氏着在无善无恶上，便一切都不管，不可以治天下。圣人无善

130

无恶,只是'无有作好','无有作恶',不动于气。然'遵王之道,会其有极',便自一循天理,便有个裁成辅相。"

曰:"草即非恶,即草不宜去矣?"

曰:"如此却是佛、老意见。草若有碍,何妨汝去?"

曰:"如此又是作好作恶。"

曰:"不作好恶,非是全无好恶,却是无知觉的人。谓之不作者,只是好恶一循于理,不去又着一分意思。如此,即是不曾好恶一般。"

曰:"去草如何是一循于理,不着意思?"

曰:"草有妨碍,理亦宜去,去之而已。偶未即去,亦不累心。若着了一分意思,即心体便有贻累,便有许多动气处。"

曰:"然则善恶全不在物。"

曰:"只在汝心,循理便是善,动气便是恶。"

【译文】

薛侃在花间的锄草的时候,有感而问:"天地之间,为什么善很难培养,而恶很难去除?"

先生说:"是因没有去培养也没有去清除罢了。"过了一会儿,先生又说:"这样理解善恶,都是肉体的私意生发的念头,是错的。"

薛侃没有理解。

先生接着说:"天地间的生命,像花花草草,哪里有善恶之分?你想要看花,就以花为善,你想要用草,就以草为善。这样子的善恶之念,都是由你一己之好恶所生,所以说是错了。"

薛侃说:"既然这样,那就是没有善也没有恶了?"

先生说:"天理本无善无恶,有善有恶是因为人的精神状态在动,心念不动就没有善恶,就可以称谓至善。"

薛侃问:"佛家也说无善无恶,和天理之无善无恶有什么不同呢?"

先生说:"佛家立足在没有善恶,就一切都不管,所以不能用来治理天下。圣人所说的无善无恶，只是让人不要从自身角度去区别善恶，自己的心气不动，然而遵循王道，归于天理标准，就是自然遵循天理，自然就有帮助天地万物各得其所的力量。"

薛侃说："草既然不是恶的，那么草就不应该去除了？"

先生说："你这又落入佛家道家的状态了。草既然妨碍你的花，为什么不锄去呢？"

薛侃说："那不又是作好作恶了吗？凭着自己的私意，去给草判定了善恶？"

先生说："不刻意喜好或者厌恶，并不是完全没有喜好或者厌恶，不然就成了没有知觉的人了。所说的不刻意去做，只是对善恶的区分要完全遵循天理，不夹杂一点私意。做到这样，就好像自己没有好恶一样。"

薛侃说："那锄草，到底怎样才能依循天理，完全没有夹杂私意呢？"

先生说："草妨碍了你，依照天理来说应当除去，那就除去就是。即便并未去除，也不放在心上。如若夹杂了一点私意，那么心体就会受到拖累，为气所动。"

薛侃说："那么，善恶完全与事物无关吗？"

先生说："善恶只在你自己心里，依循天理就是善，被私欲影响就是恶。"

【原文】

侃问："先儒以心之静为体，心之动为用，如何？"

先生曰："心不可以动静为体用。动静，时也。即体而言，用在体；即用而言，体在用。是谓'体用一源'。若说静可以见其体，动可以见其用，却不妨。"

【译文】

薛侃问："程颐先生认为心本来是静的，动是心的作用，这样讲是否正确？"

先生说："心不能用动静来区分体用。动静是说心有时动，有时静。就心的本体而言，作用取决于本体；就作用而言，本体体现于运用。这称作'体用一源'。如果说在心静时容易觉知到心之本体，在心动是容易觉知心之发用，这样说倒是无妨。"

【原文】

子仁问："'学而时习之，不亦说乎？'先儒以学为效先觉之所为，如何？"

先生曰："学是学去人欲、存天理。从事于去人欲、存天理，则自正诸先觉，考诸古训，自下许多问辨思索存省克治工夫。然不过欲去此心之人欲、存吾心之天理耳。若曰'效先觉之所为'，则只说得学中一件事，亦似专求诸外了。'时习'者，'坐如尸'，非专习坐也，坐时习此心也。'立如斋'，非专习立也，立时习此心也。'说'是'理义之说我心'之'说'。人心本自说理义，如目本说色，耳本说声。惟为人欲所蔽所累，始有不说。今人欲日去，则理义日洽浃，安得不说？"

【译文】

子仁问："'学而时习之，不亦说乎？'朱熹先生说，学是效法先觉者的言行，这样说正确吗？"

先生说："学是学习如何去除私欲、存养天理。如果去除私欲、存养天理，就自然会以先觉为榜样，考证求索于古训，也就自然会下很多问辨、思索、存养、省察、克治的工夫。但这些也不过是要除去自己心中的私欲，存养自己心中的天理罢了。如果说效仿先觉者的做法，那只是说了学习中的一件事，似乎是专门向外求取了。'时习'犹如'坐如尸'，不是专门练习端坐，是在端坐时让内心得以修习。'立如斋'，不是专门练习站立，是在站立时让内心得以修习。'说'是'理义之说我心'的'说'。人心原本就喜欢义理，好比眼睛本来喜欢美色，耳朵喜欢美声一样。只因为私欲的蒙蔽和连累，因此才会不高兴。如今私欲一天天被去除，那么理义就能日益滋润身心，怎么会有不开心的事情呢？"

【原文】

梁日孚问："居敬、穷理是两事，先生以为一事，何如？"

先生曰："天地间只有此一事，安有两事？若论万殊，礼仪三百，威仪三千，又何止两？公且道居敬是如何？穷理是如何？"

曰："居敬是存养工夫，穷理是穷事物之理。"

曰："存养个甚？"

曰："是存养此心之天理。"

曰："如此，亦只是穷理矣。"

曰："且道如何穷事物之理？"

曰："如事亲便要穷孝之理，事君便要穷忠之理。"

曰："忠与孝之理，在君、亲身上，在自己心上？若在自己心上，亦只是穷此心之理矣。且道如何是敬？"

曰："只是主一。"

"如何是主一？"

曰："如读书，便一心在读书上，接事便一心在接事上。"

曰："如此，则饮酒便一心在饮酒上，好色便一心在好色上，却是逐物，成甚居敬工夫？"

日孚请问。

曰："一者，天理。主一是一心在天理上。若只知主一，不知一即是理，有事时便是逐物，无事时便是着空。惟其有事无事，一心皆在天理上用功，所以居敬亦即是穷理。就穷理专一处说，便谓之居敬，就居敬精密处说，便谓之穷理。却不是居敬了，别有个心穷理，穷理时别有个心居敬。名虽不同，工夫只是一事。就如《易》言，'敬以直内，义以方外'。敬即是无事时

134

义，义即是有事时敬，两句合说一件。如孔子言'修己以敬'，即不须言义。孟子言'集义'，即不须言敬。会得时，横说竖说，工夫总是一般。若泥文逐句，不识本领，即支离决裂，工夫都无下落。"

问："穷理何以即是尽性？"

曰："心之体，性也，性即理也。穷仁之理，真要仁极仁；穷义之理，真要义极义。仁、义只是吾性，故穷理即是尽性。如孟子说'充其恻隐之心，至仁不可胜用'，这便是穷理工夫。"

日孚曰："先儒谓'一草一木亦皆有理，不可不察'，何如？"

先生曰："夫我则不暇。公且先去理会自己性情，须能尽人之性，然后能尽物之性。"

日孚悚然有悟。

【译文】

梁日孚问："谦恭有礼貌并把握好自身言行和穷究事物之理是两件事，先生却认为是一件事儿，这是为什么呢？"

先生说："天地间只有这一件事，怎么会有两件事？如果说事物各种不同的现象，大的礼节就有三百个左右、日常生活中的礼貌细节就有三千左右，又何止两件事？您暂先说一下居敬是什么？穷理又是什么？"

梁日孚说："居敬是存养内心的工夫，穷理是穷尽事物的天理。"

先生说："存养什么？"

梁日孚说："存养内心的天理。"

先生说："这么说，存养也是穷理了。"

先生又说："暂且谈一下怎样穷尽事物的天理？"

梁日孚说："比如侍奉父母，就要穷尽孝顺的天理；侍奉君主就要穷尽忠的天理。"

先生说："忠和孝的天理，是在国君和亲人身上？还是在你自己心中？如果在你自己心中的话，也只是穷尽你内心的天理了。再说说什么是敬？"

梁日孚说:"敬就是专一。"

先生问:"怎样才算专一?"

梁日孚说:"比如,读书就一心在读书上,做事就一心在做事情上。"

先生说:"这么说,饮酒便一心在饮酒上,好色便一心在好色上。这样就成了追逐外物,怎么能是居敬工夫?"

梁日孚请先生指教。

先生说:"一就是天理。主一是一心专注在天理上,如果只知道主一,却不知道一就是天理,那么遇到事情就会追逐外物,没有事情时就无尽的空想。只有无论有事还是无事,都专心在天理上用功才是主一。所以居敬也就是穷理。从对穷究事物之理这方面来说,就称为持身恭敬。从持身恭敬做得精致细密这方面来讲,就称为穷究事物之理。而并不是持身恭敬后,又另外有一个要穷究事物之理的心;穷究事物之理后,又另外有一个要持身恭敬的心。名称虽然不同,所做的工夫却是一件事。就像《易经》中说的,人的心意念想和言动行事与客观事理相一致。敬就是无事时之义,义就是有事时之敬,两种说法合起来说其实是讲的同一件事。像孔子说的,要时刻把提升自己的修养作为重要的事情来做,就不用再说自己的行为举止符合礼仪。孟子说,行事合乎道义,就不用再说谦恭有礼貌并把握好自身言行了。领会了的时候,无论怎么说,要做的工夫都是一样的。如果拘泥于文字表面的意思却没有领会内在的主旨要领,就会流于理解上的支离割裂,工夫就会都没有着落。"

梁日孚问:"为什么《易经》上说穷理就是尽性呢?"

先生说:"心的本体就是性,性就是天理。穷尽仁的天理,使仁成为极致的仁。穷尽义的天理,使义成为极致的义。仁义只是我之天性,所以说穷理即是尽性。像孟子说的,装满那些仁慈之心,把仁做到极致境界,这就是穷尽事理的工夫。"

梁日孚说:"程颐先生说的'一草一木亦皆有理,不可不察',这话怎么样？"

先生说："我倒没有这个闲暇。你还是先去理会自己的性情吧！必须先穷尽人之性，然后才能穷尽物之性！"

梁日孚听后幡然有悟。

【原文】

惟乾问："知如何是心之本体？"

先生曰："知是理之灵处。就其主宰处说便谓之心，就其禀赋处说便谓之性。孩提之童，无不知爱其亲，无不知敬其兄。只是这个灵能不为私欲遮隔，充拓得尽，便完全是他本体，便与天地合德。自圣人以下，不能无蔽，故须格物以致其知。"

【译文】

惟乾问："良知为什么是心的本体？"

先生说："良知最能体现天理的主旨内涵。它对心有支配和控制的作用，是人天赋的本性。年幼的孩童，无人不知道敬爱他的父母双亲，无人不知道对兄长恭敬。这是因为良知能够不被私欲遮蔽，良知不断扩展，就是完完全全心的本体，就能与天地同德。除了圣人，所有人的心体都多多少少被蒙蔽了，所以必须通过格物来致知。"

【原文】

先生曰："所谓汝心，却是那能视、听、言、动的，这个便是性，便是天理。有这个性，才能生这性之生理，便谓之仁。这性之生理发在目便会视，发在耳便会听，发在口便会言，发在四肢便会动，都只是那天理发生。以其主宰一身，故谓之心。这心之本体，原只是个天理，原无非礼。这个便是汝之真己，这个真己是躯壳的主宰。若无真己，便无躯壳。真是有之即生，无之即死。汝若真为那个躯壳的己，必须用着这个真己，便须常常保守着这个真己的本体。戒惧不睹，恐惧不闻，惟恐亏损了他一些。才有一毫非礼萌动，便如刀割，如针刺，忍耐不过，必须去了刀，拔了针。这才是有为己之心，方能克己。"

【译文】

先生说："所谓的心，是那个能使你视、听、言、动的东西，这个就是性，就是天理。有了这个性，才能生发本性的生生不息的事理，也就是仁。这生生不息的事理，体现在目时便能视，体现在耳时便能听，体现在口时便能说，体现在四肢便能动，这些都是天理在起作用。因为天理主宰着人的身体，所以称之为心。心的本体，原本只是天理，原本没有不符合礼制规定的事情存在。这个就是你真正的自己，是人的躯壳的主宰。如果没有真的自己，也就没有躯壳。真是有它就生，没有它就死。如果你真的为了那个躯壳的自己，就必须借助这个真正的自己，就必须让这个真正的自己保持着本体。做到没有看之前就先行戒惧，没有听之前就先行惧慎，怀有唯恐亏损了真我一点儿的念头。稍有丝毫的不符合礼制规定的念头萌生，就如同被刀割、被针刺一样无法忍受，必须去除刀、拔掉针。这才是有为自己着想的心，才能克己。"

【原文】

刘观时问："未发之中是如何？"

先生曰："汝但戒惧不睹，恐惧不闻，养得此心纯是天理，便自然见。"

观时请略示气象。

先生曰："哑子吃苦瓜，与你说不得，你要知此苦，还须你自吃。"

时曰仁在旁，曰："如此才是真知，即是行矣。"

一时在座诸友皆有省。

【译文】

刘观时问："未发之中是什么？"

先生说："你只要在别人看不到的地方警惕，在别人听不到的地方有所畏惧，把此心修养得纯为天理，就自然能体会到其意义。"

刘观时请先生大概谈一下其景状。

先生说："哑巴吃苦瓜，与你说不得，你要明白其中之苦，还须自己去吃。"

当时，徐爱在旁边，说："如此才是真知，也才算是行了。"

一时，在座者都有所感悟。

答顾东桥书

顾璘（1476—1545年），字华玉，号东桥居士，世称"东桥先生"，长洲（今苏州市吴中区）人，寓居上元（今江苏省南京市）。明代政治家、文学家。擅长写诗。官至南京刑部尚书。《王文成公全书》中名《答顾东桥书》，钱德洪序中名《答人论学书》，着重阐述了"知行合一"。

【原文】

知之真切笃实处即是行，行之明觉精察处即是知。知行工夫，本不可离。只为后世学者分作两截用功，失却知行本体，故有合一并进之说。真知即所以为行，不行不足谓之知。

【译文】

认知达到真切笃实的地步就是践行，实践达到明觉精察的地步就是认知。知与行的工夫本来就不可分离，只是后世的学者将工夫分作两部分，认识不到知行关系的本然面貌，因此才会有知行合一、知行并进的说法。真切的认知就是践行，不去践行便不能称之为认知。

【原文】

夫物理不外于吾心，外吾心而求物理，无物理矣。遗物理而求吾心，吾心又何物邪？心之体，性也，性即理也。

【译文】

因为事物天理不在我心之外，在我心之外去寻求万物之理，也就是没有事物天理了。抛弃了事物天理而探求本心，我的心又是什么呢？心的本体是性，性就是理。

【原文】

心一而已，以其全体恻怛而言谓之仁，以其得宜而言谓之义，以其条理而言谓之理。不可外心以求仁，不可外心以求义，独可外心以求理乎？外心以求理，此知行之所以二也。求理于吾心，此圣门知行合一之教，吾子又何疑乎？

【译文】

心是一个整体，以它对所有人的恻隐之心来说就是仁，以它合乎时宜来说就是义，以它条理清晰来说就是理。不可以在心外探求仁、义，难道唯独可以在心外探求理吗？在心外求理，这就是把知行看作是两件事。在心里寻求理，这正是圣学知行合一的教诲，你还有什么怀疑的呢？

【原文】

夫心之体，性也；性之原，天也。能尽其心，是能尽其性矣。

【译文】

心的本体就是性；性的本原就是天理。能尽其心，就是能尽其天性。

【原文】

朱子所谓格物云者，在即物而穷其理也。即物穷理是就事事物物上求其所谓定理者也。是以吾心而求理于事事物物之中，析心与之理为二矣。夫求理于事事物物者，如求孝之理于其亲之谓也。求孝之理于其亲，则孝之理其果在于吾之心邪？抑果在于亲之身邪？假而果在于亲之身，则亲没之后，吾心遂无孝之理欤？见孺子之入井，必有恻隐之理。是恻隐之理果在于孺子之身欤？抑在于吾心之良知欤？其或不可以从之于井欤？其或可以手而援之欤？是皆所谓理也。是果在于孺子身欤？抑果出于吾心之良知欤？以是例之，万事万物之理莫不皆然，是可以知析心与理为二之非矣。夫析心与理而为二，孟子之所深辟也。务外遗内，博而寡要，吾子既已知之矣，是果何谓而然哉？谓之玩物丧志，尚犹以为不可欤？若鄙人所谓致知格物者，致吾心之良知于事事物物也。吾心之良知，即所谓天理也。致吾心良知之天理于事事物物，则事事物物皆得其理矣。致吾心之良知者，致知也。事事物物皆得其理者，格物也。是合心与理而为一者也。合心与理而为一，则凡区区前之所云，与朱子晚年之论，皆可以不言而喻矣。

【译文】

朱熹先生所说的格物，就是在事物中穷究天理。也就是在万事万物上探求它的原理，是用自己的心在万事万物上求理，这就把心和天理一分为二了。在事物上求理，就像在父母身上寻求孝敬的道理。在父母身上寻求孝敬的道理，那么孝道是在我们的心中还是在父母身上呢？假如果真在父母身上，那么父母去世之后，我们的心中难道就没有孝的存在了吗？看见小孩子落井，一定会有恻隐之心的理，那么恻隐之理是在孩子身上，还是在我们内心的良知上呢？或许不能跟着孩子跳进井里，或许可以伸手援救他，这都是所谓的理。这些理究竟在孩子身上，还是在我们内心的良知上呢？以此类推，万事万物的道理都是这样，这就可以知道把心与天理一分为二错误的所在了。把心与天理一分为二，这是告子的"义外"学说，孟子曾深刻批判过。"只注重外在学习而忽略内心的存养，知识广博而不得要领"，你既然已经知道这样不对，为何还要这样说呢？我说"即物穷理"是玩物丧志，你还认为不正确吗？我所说的格物致知，是把我们心中的良知用到万事万物上。我们心中的良知就是所谓的天理，把我们心中的良知天理应用到万事万物上，那么万事万物都得到天理了。求的我们内心中的良知是致知的工夫。使万事万物都得到天理是格物的工夫。这是把心与天理合二为一。把心与天理合而为一，那么凡是我前面所讲的，以及我对于朱熹先生晚年学说的说法，就都可以不言而喻了。

【原文】

来书云："人之心体，本无不明，而气拘物蔽，鲜有不昏。非学、问、思、辨以明天下之理，则善恶之机、真妄之辨不能自觉，任情恣意，其害有不可胜言者矣。"

夫学、问、思、辨、行皆所以为学，未有学而不行者也。如言学孝，则必服劳奉养，躬身孝道，然后谓之学。岂徒悬空口耳讲说，而遂可以谓之学孝乎？学射则必张弓挟矢，引满中的。学书则必伸纸执笔，操觚染翰。尽天下之学，无有不行而可以言学者。则学之始，固已即是行矣。笃者，敦实笃厚之意。已行矣，而敦笃其行，不息其功之谓尔。盖学之不能以无疑，则有问，问即学也，即行也。又不能无疑，则有思，思即学也，即行也。又不能无疑，则有辨，辨即学也，即行也。辨既明矣，思既慎矣，问既审矣，学既能矣，又从而不息其功焉，斯之谓笃行。非谓学问思辨之后，而始措之于行也。是故以求能其事而言谓之学，以求解其惑而言谓之问，以求通其说而言谓之思，以求精其察而言谓之辨，以求履其实而言谓之行。盖析其功而言则有五，合其事而言则一而已。此区区心理合一之体，知行并进之功，所以异于后世之说者，正在于是。

今吾子特举学、问、思、辨以穷天下之理，而不及笃行，是专以学、问、思、辨为知，而谓穷理为无行也已。天下岂有不行而学者邪？岂有不行而遂可谓之穷理者邪？明道云："只穷理，便尽性至命。"故必仁极仁而后谓之能穷仁之理，义极义而后谓之能穷义之理。仁极仁则尽仁之性矣，义极义则尽义之性矣。学至于穷理至矣，而尚未措之于行，天下宁有是邪？是故知不行之不可以为学，则知不行之不可以为穷理矣；知不行之不可以为穷理，则知知行之合一并进，而不可以分为两节事矣。

夫万事万物之理不外于吾心，而必曰穷天下之理，是殆以吾心之良知为未足，而必外求于天下之广，以裨补增益之。是犹析心与理而为二也。夫学、问、思、辨、笃行之功，虽其困勉至于人一己百，而扩充之极至于尽性知天，亦不过致吾心之良知而已。良知之外，岂复有加于毫末乎？今必曰穷天下之理，而不知反求诸其心，则凡所谓善恶之机、真妄之辨者，舍吾心之良知，亦将何所致其体察乎？吾子所谓'气拘物蔽'者，拘此蔽此而已。今欲去此之蔽，不知致力于此，而欲以外求，是犹目之不明者，不务服药调理以治其目，而徒怅怅然求明于其外，明岂可以自外而得哉？任情恣意之害，亦以不能精察天埋于此心之良知而已。此诚毫厘千里之谬者，不容于不辨。吾子毋谓其论之太刻也。

【译文】

来信写道："人心的本体，原本是纯洁光明的，然而由被气质所拘束为外物所蒙蔽。很多人被外物迷惑，思想上产生混乱。如果不通过以学、问、思、辨来认识天下之理，那么善恶的原因、真假的辨别就不能自然觉察，就会恣意妄断，所产生的危害是不能用语言来描述的。"

这段话大部分似是而非，是继承了朱熹学说的弊端，不能不进行分辨。博学、慎思、审问、明辨、笃行，都是学习方法，没有学而不去践行的。比如说学习孝道，就必须服侍奉养父母，亲自躬行孝道，然后才能称之为学习孝道。如果空口在那里谈孝道，那叫作学习孝道吗？学习射箭，一定要张弓搭箭，拉满弓，射中靶心；学习书法，一定要铺开纸，提起笔去写。全天下无论学什么，都没有不去践行就能算是学的，所以说从学习开始已经就是在践行了。

笃，是踏实敦厚的意思。已经践行了，就要踏实敦厚地去做，就要持之以恒地下工夫。学习不可能没有疑惑，有疑惑就要问，这问，就是学，就是践行。问完得到回答后，可能还有疑惑，那么就需要思考，思考就是学习，也就是践行。自己思考，也不一定就想明白，再找同学一起辨析，这辨，也是学，也是践行。问题辨析明白了，事情考虑的细致透彻了，存在疑问消除了，学问也有长进了，仍然在持之以恒的下工夫，这叫笃行。所以，不是学问思辨之后，才开始践行，而是学问思辨都是践行。所以就追求能做某事而言称作学，就追求能解除疑惑而言称作问，就通达其学说而言称作思，就追求能精察义理而言称作辨，就追求能踏实敦厚的践行而言称作行。分开来讲，学问思辨行是五个方面，合起来就是一件事。这就是我心理合一、知行并进的工夫的观点。和朱熹先生的观点不一样的地方，就在于此。

现在你特意举出学、问、思、辨，想穷尽天下的理，而没有说到笃行。这是把知和行分开，也就是说穷理的工夫，是学问思辨，不是笃行。那天下哪有不去践行就能学习的？那天下哪有不去践行就能穷理的？程颐先生说："只要能穷尽事理，就能尽性而通达天命。"所以必须在践行中达到仁爱的最高境界，才能称作穷尽仁爱的道理，在践行中达到义的最高境界后，才能说穷尽义的道理。达到仁爱的最高境界，就能充分发挥仁爱的天性，达到义的最高境界，就能充分发挥义的天性。学习达到了穷尽事理的最高境界，却还没有实际践行，天下哪有这样的事？

所以说，不践行，就谈不上学习；不践行，就谈不上穷理。知道不践行就不可以穷理，就知道知行合一并进，不能分成两件事了。

万事万物中的天理，不外乎都在我心里。如果说要穷尽天下之理，唯恐自己心中还没有足够的良知，而必须向外寻求天下万物的道理，用以弥补增加我们心中的良知，这仍是把心与理一分为二了。

做到学、问、思、辨、笃行的工夫，就要克服困难以获得知识，努力践行以修养品德。就像《中庸》说的那样，别人下一分工夫，我下一百分。但是，哪怕努力扩充到极致，到了尽性知天的程度，也不过是实现心中的良知而已。除了良知，难道还要再增加一丝一毫其他东西吗？现在你口口声声要穷天下之理，却不知道在自己的内心去求，那么善恶真伪之辨，不用自己的良知，又用什么去体察呢？

你所说的"气拘物蔽"，正是受以上观点的拘束和蒙蔽。现在想要清除这谢拘束和蒙蔽，却不向自己内心求，却要向心外寻求，就好像眼睛有毛病的人，而不吃药调理治疗眼睛，而只是徒劳地去眼睛外面探寻光明，光明怎么能从眼睛之外求得呢？肆意放纵的危害，也是因为不能从我们内心的良知上精细洞察天理的原因。这正是你信中所论，差之毫厘，失之千里的地方，不能不跟你分辨清楚。希望你不要认为我的话太尖刻！

【原文】

心者，身之主也，而心之虚灵明觉，即所谓本然之良知也。其虚灵明觉之良知应感而动者，谓之意。有知而后有意，无知则无意矣。知非意之体乎？意之所用，必有其物，物即事也。

【译文】

心是身的主宰，而心的清净空灵，就是（我）所说的人本来就具有的良知。人清净空灵之心的良知因感而发，就叫意念。有认识后有意念，无认识就没有意念。认识不是意念的本体吗？意念的作用，一定要有相应的物，这就是事情。

【原文】

来书云："谓致知之功，将如何为温清，如何为奉养，即是诚意，非别有所谓格物，此亦恐非。"

此乃吾子自以己意揣度鄙见，而为是说，非鄙人之所以告吾子者矣。若果如吾子之言，宁复有可通乎？盖鄙人之见，则谓意欲温清，意欲奉养者，所谓意也，而未可谓之诚意。必实行其温清奉养之意，务求自慊而无自欺，然后谓之诚意。知如何而为温清之节、知如何而为奉养之宜者，所谓知也，而未可谓之致知。必致其知如何为温清之节者之知，而实以之温清；致其知如何为奉养之宜者之知，而实以之奉养，然后谓之致知。

温清之事，奉养之事，所谓物也，而未可谓之格物。必其于温清之事也，一如其良知之所知当如何为温清之节者而为之，无一毫之不尽；于奉养之事也，一如其良知之所知当如何为奉养之宜者而为之，无一毫之不尽，然后谓之格物。温清之物格，然后知温清之良知始致；奉养之物格，然后知奉养之良知始致。故曰"物格而后知至"。致其知温清之良知，而后温清之意始诚；致其知奉养之良知，而后奉养之意始诚。故曰"知至而后意诚"。此区区诚意、致知、格物之说盖如此。吾子更熟思之，将亦无可疑者矣。

【译文】

来信说："您认为致知的工夫，就是怎样让父母冬暖夏凉，如何奉养父母就是诚意，并非另外还有格物，这恐怕不对吧。"

这是你以自己的意思来揣度我的观点，并非我这样告诉过你。如果真像你所说的，难道能讲得通吗？我的看法是：要想侍奉父母让父母冬暖夏凉，这是所谓的意念，而不能称作诚意；一定切实实践了侍奉父母让父母冬暖夏凉的愿望，并且务求自己对此感到愉快而不是违心，然后才能叫作诚意。知道怎样使父母冬暖夏凉、怎样侍奉父母最适宜，这只能称作知，而尚不能说是致知；必须知道了，并且切实做到了，然后才能称作致知。使父母冬暖夏凉，对父母奉养适宜，这是事物，而不能说是格物；使父母冬暖夏凉和侍奉适宜的事，必须遵循自己的良知要求去做，而没有丝毫的保留，这才叫格物。父母冬暖夏凉的物"格"了，然后使父母冬暖夏凉的良知才算是"致"了；奉养父母适宜的物"格"了，然后很好地侍奉父母的良知才算是"致"了。

所以《大学》里说："物格而后知至。"达到了那个知道冬暖夏凉的良知，而后使父母冬暖夏凉的意念才能真诚；达到了那个知道适宜奉养的良知，而后奉养适宜的意念才能真诚。所以《大学》中说"知至而后意诚"。我的诚意、致知、格物的学说大概就是这样。你再好好想想，就也没有什么好怀疑的了。

【原文】

良知良能，愚夫愚妇与圣人同。但惟圣人能致其良知，而愚夫愚妇不能致，此圣愚之所由分也。节目时变，圣人夫岂不知，但不专以此为学。而其所谓学者，正惟致其良知，以精审此心之天理，而与后世之学不同耳。

【译文】

在拥有良知良能上，愚夫愚妇和圣人是相同的。但是只有圣人能致其良知，而愚夫愚妇则不能，这就是圣人和他们的区别。具体内容随时代而变化，圣人难道会不知道，但是他们不专门把这些当作学问的根本。圣人所谓的学问，只是致其良知来精确体察心中的天理，因而与后世所学的学问不同。

【原文】

若谓粗知温清定省之仪节，而遂谓之能致其知，则凡知君之当仁者，皆可谓之能致其仁之知，则天下孰非致知者邪？以是而言可以知致知之必在于行，而不行之不可以为致知也，明矣。

【译文】

如果说粗略地知道温清定省的礼节，就称作能致孝的良知，那么凡是知道国君应当仁爱的人，都可以说他能致仁爱的良知，凡是知道臣子应当忠诚的人，都可以说他能致忠诚的良知。那么，天下还有谁不是实现致良知呢？"致知"一定要付诸实践，不实践是不可以称作是"致知"的道理。明白了这些，知行合一的概念不就更加明白了吗？

【原文】

圣人有忧之，是以推其天地万物一体之仁以教天下，使之皆有以克其私，去其蔽，以复其心体之同然。其教之大端，则尧、舜、禹之相授受，所谓"道心惟微，惟精惟一，允执厥中"。而其节目，则舜之命契，所谓"父子有亲，君臣有义，夫妇有别，长幼有序，朋友有信"五者而已。唐、虞、三代之世，教者惟以此为教，而学者惟以此为学。当是之时，人无异见，家无异习，安此者谓之圣，勉此者谓之贤，而背此者，虽其启明如朱，亦谓之不肖。下至闾井田野，农、工、商、贾之贱，莫不皆有是学，而惟以成其德行为务。何者？无有闻见之杂，记诵之烦，辞章之靡滥，功利之驰逐，而但使孝其亲，弟其长，信其朋友，以复其心体之同然。是盖性分之所固有，而非有假于外者，则人亦孰不能之乎？

【译文】

圣人教化的主要内容，就是尧舜禹相沿袭的"道心惟微，惟精惟一，允执厥中"；而它的具体内容，就是舜让契教化天下的"父子有亲，君臣有义，夫妇有别，长幼有序，朋友有信"的五个方面。唐尧、虞舜与夏、商、周三代，老师只教这些，学的人也只是学这些。那时，人人没有不同意见，家家没有不同习惯，能自然践行这些内容的就是圣人，能通过努力做到的就是贤人，而与此相违背的人，即使像丹朱一样聪明，也被称作不肖之徒。

即使是在街巷田野之中从事于农工商的普通人，也要学习这些内容，他们学习这些内容的目的，把完善自己的道德行为当作第一重要的事情。这是为什么呢？当时没有杂乱无章的见闻，没有背诵的烦恼，也没有数不胜数的诗词章句，更不用追逐功名利禄，只是孝敬父母，尊敬兄长，对朋友忠信，让人们的心体还原到都有的良知的状态。这是人性中本来就有的，而并非从外边借来的，那么哪个人不能做到呢？

答周道通书

周道通，名衡，字道通，号静庵，江苏常州宜兴人。先师从王阳明，后师从湛若水，能够协调王、湛两家学说。曾任知县。

【原文】

《系》言"何思何虑"，是言所思所虑只是一个天理，更无别思别虑耳，非谓无思无虑也。故曰："同归而殊途，一致而百虑，天下何思何虑。"云殊途，云百虑，则岂谓无思无虑邪？心之本体即是天理。天理只是一个，更有何可思虑得？天理原自寂然不动，原自感而遂通。学者用功，虽千思万虑，只是要复他本来体用而已，不是以私意去安排思索出来。

【译文】

《系辞》中说"何思何虑"，是说所思所虑只是一个天理，除此之外，没有别的思虑，并不是说没有任何思虑。所以，《系辞》上才说"同归而殊途，一致而百虑，天下何思何虑"，说"殊途"，说"百虑"，那怎么能说是无思无虑呢？心的本体就是天理，天理只有一个，还有什么别的可以思虑的呢？天理原本宁静寂然，感应后就能通达的。求学的人下工夫，虽然有千思万虑，但也只是要恢复心体的本原而已，这不是用自己的意志去安排思索出来的。

答陆原静书

陆澄，字原静，又字清伯，湖之归安人（今浙江吴兴）。进士。官至刑部主事。王阳明曾经叹曰："曰仁（徐爱）殁，吾道益孤，至望原静者不浅"。他的第一位学生徐爱英年早逝后，即将弘扬心学的期望寄托于陆澄。《答陆原静书》集中体现了王阳明良知学说。

【原文】

良知者，心之本体，即前所谓恒照者也。心之本体，无起无不起。虽妄念之发，而良知未尝不在。但人不知存，则有时而或放耳。虽昏塞之极，而良知未尝不明，但人不知察，则有时而或蔽耳。虽有时而或放，其体实未尝不在也，存之而已耳。虽有时而或蔽，其体实未尝不明也，察之而已耳。若谓良知亦有起处，则是有时而不在也，非其本体之谓矣。

【译文】

良知是心的本体，也就是前面说到的恒照。心的本体，没有发端或者不发端。人即使生发了贪妄的念头，此时良知也是存在的，然而人们不知道该时时存养良知，因此有时就会失去它。即使眼花耳聋，头脑糊涂到极点的人，他的良知也是存在的。然而人们不知道要精细明察，因此有时会被蒙蔽。虽然有时失去了它，但良知的本体并未消失，只要精细明察它就可以了。如果说良知也有个开始的地方，那么就是认为它有时不存在，那就不是良知的本体了。

【原文】

夫良知一也，以其妙用而言谓之神，以其流行而言谓之气，以其凝聚而言谓之精，安可以形象方所求哉？真阴之精，即真阳之气之母。真阳之气，即真阴之精之父。阴根阳，阳根阴，亦非有二也。苟吾良知之说明，即凡若此类，皆可以不言而喻。

【译文】

良知只有一个。就它的神妙的作用来说是不可思议的，就它广泛的存在来讲，就像气一样运行在天地之间，就它的稳定牢固来讲是最纯粹的。怎么能从形象、方位、场所上探求良知呢？所说的真阴之精，也就是真阴之气之母。真阳之气，也就是真阴之精之父。阴植根于阳，阳植根于阴，阴阳本来也不可分割为二。如果理解了我的良知之说，像这样的问题，都可以不言而喻。

【原文】

性无不善，故知无不良。良知即是未发之中，即是廓然大公、寂然不动之本体，人人之所同具者也。但不能不昏蔽于物欲，故须学以去其昏蔽。然于良知之本体，初不能有加损于毫末也。知无不良，而中、寂、大公未能全者，是昏蔽之未尽去，而存之未纯耳。体即良知之体，用即良知之用，宁复有超然于体用之外者乎？

【译文】

性的本体是没有不善的，所以知也没有不良的，良知既然是未发的那个"中"，那也就是廓然大公、寂然不动的本体。是人人都具有的。但是良知不能避免被外物和人的私欲所蒙蔽。所以才需要通过学来去掉这些蒙蔽。然而这么做，对于良知的本体是不会有丝毫的损伤。知无不良，而中、寂、大公不能彻底显现是由于没有完全剔除蒙蔽，保养得还不够纯洁。体，即良知的体；用，即良知的用，又怎么会有超然于体用之外的良知呢？

【原文】

未发之中，即良知也，无前后内外，而浑然一体者也。有事、无事可以言动、静，而良知无分于有事、无事也。寂然、感通可以言动、静，而良知无分于寂然、感通也。动静者，所遇之时。心之本体，固无分于动静也。理无动者也，动即为欲。循理则虽酬酢万变，而未尝动也；从欲则虽槁心一念，而未尝静也。

【译文】

未发之中（我们心中产生的喜欢、愤怒、悲哀、快乐等各种情感不会影响到我们对事物的观点，这种状态叫作"中"，表达观点及情绪时采用恰当的方式，既不会令他人难受同时又能将自己的观点表达清楚，这种境界叫作"和"。"中"是天下的根本所在，"和"是最普遍通行的准则。达到"中和"的境界，天地就秩序井然了，万物就生长发育了。先生认为"未发"和"已发"本来就已经存在。"未发之中"对应的是"无善无恶心之体"，此时人心如明镜，看待事物时不会带入自己的偏见与情绪，更加客观）就是良知，没有前后内外的区分，是浑然一体。有事、无事可认为是动、静，但是良知不能分为有事和无事。就寂然、感通而言可以分静、动，但是良知不能分为寂然和感通。动静是因时而异的。心的本体，原本就是不分动静和静止的。天理是固定静止的，若动，就会变为私欲。遵循天理则千变万化也不曾动。放任私欲，即使死心无念也未必静。

【原文】

盖良知虽不滞于喜、怒、忧、惧，而喜、怒、忧、惧亦不外于良知也。

【译文】

良知虽然不在喜怒忧惧的情感上滞留，但喜怒忧惧这些情感也不在良知之外。

【原文】

不思善不思恶时认本来面目。此佛氏为未识本来面目者设此方便。本来面目即吾圣门所谓良知。今既认得良知明白，即已不消如此说矣。随物而格，是致知之功，即佛氏之"常惺惺"，亦是常存他本来面目耳。体段工夫大略相似。但佛氏有个自私自利之心，所以便有不同耳。今欲善恶不思，而心之良知清静自在，此便有自私自利、将迎意必之心，所以有"不思善、不思恶时，用致知之功，则已涉于思善"之患。孟子说将去。今已知得良知明白，常用致知之功，即已不消说"夜气"。却是得兔后不知守兔，而仍去守株，兔将复失之矣。欲求宁静，欲念无生，此正是自私自利、将迎意必之病，是以念愈生而愈不宁静。良知只是一个良知，而善恶自辨，更有何善何恶可思？良知之体本自宁静，今却又添一个求宁静，本自生生，今却又添一个欲无生，非独圣门致知之功不如此，虽佛氏之学亦未如此将迎意必也。只是一念良知，彻头彻尾，无始无终，即是前念不灭，后念不生。今却欲前念易灭，而后念不生，是佛氏所谓"断灭种性"，入于槁木死灰之谓矣。

【译文】

在不思善不思恶时认识本来面目，这是佛教针对那些不识本来面目的人讲的简便方法。所谓本来面目，即为我们儒家讲的良知。现在，既然能够清楚地理解良知，就不必这样说了。根据事物的具体情况去研究事理，是致知的工夫。佛教所说的"常惺惺"，是佛教要求常存他的本来面目。由此可知，佛儒的格物与工夫大致相同，但佛教有自私自利之心，因此就有了不同之处。如今要不思善恶，要保持心中的良知清净自在，所以才有了"不思善、不思恶时，用致知之功、则已涉于思善"的问题。孟子讲"夜气"，也只是为那些丧失了良心的人指出一个良心萌动的地方，使他能从这里培养。现在已经明白认识了良知，又常用致知的工夫，就不用谈"夜气"了。不然，将会是得到兔子却不知道去守着兔子，反而得死守着树株，那么兔子就会再次失去。想求得宁静，想没有私念，这正是自私自利、固执自我的毛病，因此欲念越来越多，心越来越不能宁静。良知只有一个，它自然能辨别善恶，那里还有什么善恶可想？良知原本就是宁静的，现在却又添加一个去求宁静，良知的本体原本就是充满生机的，现在却又添加一个心要无生。不但儒学致知的工夫不是这样，即便佛教也不是这样固执地去追求。只要一心在良知上，从头到尾，无始无终，就是前念不灭、后念不生。如今，你却向前念易灭，后念不生，这是佛教所谓的"断灭种性"，如此就同槁木死灰差不多了。

【原文】

良知本来自明。气质不美者，渣滓多，障蔽厚，不易开明。质美者，渣滓原少，无多障蔽，略加致知之功，此良知便自莹彻，些少渣滓，如汤中浮雪，如何能作障蔽。此本不甚难晓，原静所以致疑于此，想是因一"明"字不明白，亦是稍有欲速之心。向曾面论明善之义，"明则诚矣"，非若后儒所谓明善之浅也。

【译文】

良知本来是纯净光明的。气质差的人，不但渣滓多，遮蔽也厚，他的良知就不能光明显现。气质好的人，本来渣滓少，遮蔽也薄，稍加致知的工夫，他的良知就能晶莹透彻，即使有一点点渣滓，也像水中漂浮的雪花一样，又怎么能成为蔽障呢？这些本来不难明白的，你之所以在这里产生了疑问，想必是因为一个"明"字没弄明白，也是由于稍微有了速成的心。以前我曾经与你探讨过"明善"的含义，明就是诚，并不是像后来的儒生们所谈的"明善"那般浅薄。

答欧阳崇一

欧阳德（1496—1554年），字崇一，江西泰和人。13岁成秀才，22岁中举。中举后到赣州拜阳明先生为师。阳明先生亲切地称呼他"小秀才"。欧阳德听了阳明先生讲学，连续放弃了两届进京会试的机会，他不急于做官，急着做学问。古人说，做好了学问才可以出来做官。欧阳德信这个。

【原文】

良知是天理之昭明灵觉处，故良知即是天理，思是良知之发用。若是良知发用之思，则所思莫非天理矣。良知发用之思，自然明白简易，良知亦自能知得。若是私意安排之思，自是纷纭劳扰，良知亦自会分别得。盖思之是非邪正，良知无有不自知者。所以认贼作子，正为致知之学不明，不知在良知上体认之耳。

【译文】

良知是天理的昭明灵觉所在，因此，良知就是天理，思是良知的作用。如果思是从良知上产生的，那么，所思的也都是天理。从良知上产生的思，自然明了简洁。良知自然也就能够知道。如果是私意安排的思，自然是纷纭劳扰，良知也自然能够分辨清楚。思虑的是非正邪，良知没有不知道的。所以"认贼作子"，还是由于对致良知的学问仍不明白，不知道从良知上去体察认知而已。

【原文】

在孟子言"必有事焉"，则君子之学终身只是"集义"一事。义者，宜也，心得其宜之谓义。能致良知则心得其宜矣，故集义亦只是致良知，君子之酬酢万变，当行则行，当止则止，当生则生，当死则死，斟酌调停，无非是致其良知，以求自慊而已。故"君子素其位而行"，"思不出其位"。凡谋其力之所不及，而强其知之所不能者，皆不得为致良知。而凡劳其筋骨，饿其体肤，空乏其身，行拂乱其所为，动心忍性以增益其所不能者，皆所以致其良知也。若云宁不了事，不可不加培养者，亦是先有功利之心，计较成败利钝而爱憎取舍于其间，是以将了事自作一事，而培养又别作一事，此便有是内非外之意，便是自私用智，便是义外，便有"不得于心，勿求于气"之病，便不是致良知以求自慊之功矣。

【译文】

孟子说，一定会有各种各样的事情等待着你去做，不要把工夫放在预料事情上，而应该修身，养成了自己的浩然之气，解决事情的根本条件就具备了。君子之学，终身只是"集义"这一件事，什么是义呢？义就是宜，心能够处事得宜就是义。能致良知，则心得其宜。所以，集义也就是致良知。

君子待人接物，应对事变，当做则做，当止则止，当生则生，当死则死，其间的斟酌思考，无非是致其良知，以求心安理得而已。所以，孔子说，君子随遇能安，在什么位置就做什么事。又说君子不在其位，不谋其政，只思考自己的事，只管好自己的事。凡是去谋划自己力所不能及的，强行要去干自己才智所不能胜任的事的，都不能实现致良知。

而凡是"劳其筋骨，饿其体肤，空乏其身，行拂乱其所为，动心忍性所以增益其所不能"的人，均是为了致良知。如果说"宁愿不做事，也不能不存养本性"，也是因为先有了功利心，计较成败得失后做出的爱憎取舍，把做事和存养内心看成了两件事，这就是有了重视本心而忽视做事的心态，就是把才智用到私欲上了，就是把义看作外在的东西，便会有"不得于心，勿求于气"的弊病，就不是致良知以求心安意诚的工夫了。

【原文】

君子学以为己，未尝虞人之欺己也，恒不自欺其良知而已；未尝虞人之不信己也，恒自信其良知而已；未尝求先觉人之诈与不信也，恒务自觉其良而已。是故不欺则良知无所伪而诚，诚则明矣；自信则良知无所惑而明，明则诚矣。明、诚相生，是故良知常觉、常照。常觉、常照则如明镜之悬，而物之来者自不能遁其妍媸矣。何者？不欺而诚，则无所容其欺，苟有欺焉而觉矣；自信而明，则无所容其不信，苟不信焉而觉矣。自信而明，则无所容其不信，苟不信焉而觉矣。是谓易以知险，简以知阻，子思所谓至诚如神，可以前知者也。然子思谓如神，谓可以前知，犹二而言之，是盖推言思诚者之功效，是犹为不能先觉者说也。若就至诚而言，则至诚之妙用即谓之神，不必言如神；至诚则无知而无不知，不必言可以前知矣。

【译文】

君子求学是为了提高自己，不是为别人。不是为了觉察别人，是为了觉察自己；不是为了防备别人欺骗自己，只是自己不要欺骗自己的良知而已；不是担心别人不信任我，只是自己始终自信自己的良知而已；不是为了能事先醒觉别人是不是要骗我，只是始终醒觉自己的良知而已。不自欺欺人，良知自然真诚无伪，诚实无欺，心中至诚，自然明觉；自信则良知无所疑惑而明觉，所以又说"明则诚"。明、诚相生，所以良知常存、常照，就像一面明镜高悬，万事万物在它面前也无法掩饰其美丑。为什么呢？良知不欺诈就是真诚，真诚就无法容忍欺诈，如果有人欺诈，马上能够察觉；良知自信明觉，所以无法容忍不诚信，如果有人不诚信，马上能够察觉；这就是"易以知险，简以知阻"。在我看来，至诚就是神，不是"如神"；至诚无知无不知，不用说"可以前知"。

答罗整庵少宰书

罗整庵（1465—1547年），即罗钦顺，字允升，号整庵。明代江西泰和人。进士，官至吏部尚书、少宰（明清吏部侍郎的别称）。学术上主张理得于天而具于心，理气本为一物。

【原文】

理一而已。以其理之凝聚而言则谓之性，以其凝聚之主宰而言则谓之心，以其主宰之发动而言则谓之意，以其发动之明觉而言则谓之知，以其明觉之感而言则谓之物。故就物而言谓之格，就知而言谓之致，就意而言谓之诚，就心而言谓之正。正者，正此也；诚者，诚此也；致者，致此也；格者，格此也。皆所谓穷理以尽性也。天下无性外之理，无性外之物。

【译文】

天理只有一个，从天理的凝聚来说就是性，从天理的凝聚主宰处来说就是心，从使天理发动起来来说称为意，从使天理明觉来说称为知，从明觉的感应上来说称为物。所以，从物上来说称为格，从知上来说称为致，从意上来说称为诚，从心上来说称为正。正就是正心，诚就是诚意，致就是致知，格就是格物，这就是所谓穷理尽性。天下，没有人性之外的天理，没有人性之外的事物。

答聂文蔚

聂豹（1486—1563年），字文蔚，号双江，吉安永丰（今江西永丰）人，官至兵部尚书。嘉靖五年（1526年）春，因公赴闽，途经杭州，当时王阳明在绍兴讲学，聂豹不顾别人劝阻，前往就教。他极为崇拜王阳明，王阳明去世后，他立位北面再拜，始称门生。但他认为良知不是现成的，要通过"动静无心，内外两忘"的涵养工夫才能达到。

【原文】

孟氏"尧舜之道，孝弟而已"者，是就人之良知发见得最真切笃厚、不容蔽昧处提省人，使人于事君、处友、仁民、爱物、与凡动静语默间，皆只是致他那一念事亲从兄真诚恻怛的良知，即自然无不是道。盖天下之事，虽千变万化，至于不可穷诘。而但惟致此事亲从兄一念真诚恻怛之良知以应之，则更无有遗缺渗漏者，正谓其只有此一个良知故也是。事亲从兄一念良知之外，更无有良知可致得者。故曰："尧舜之道，孝弟而已矣。"此所以为"惟精惟一"之学，放之四海而皆准，施诸后世而无朝夕者也。

【译文】

孟子认为，尧帝、舜帝他们的风范，以及他们教化天下的道理，最根本的就是在孝悌。这是在人的良知显现得最真切淳厚、不容蒙蔽的地方提醒

160

人，在辅佐君主、结交朋友、仁爱百姓、体惜众物和一动一静，说话或沉默之间，都只是一心地去致他那孝顺双亲敬爱兄长的真诚恳切的良知，那就自然无处不是道了。天下之事，虽然千变万化，不可穷尽，但只要你用侍奉父母、尊敬兄长真诚恻隐的良知来应对千变万化，就不存在疏漏的情况，这正是由于有良知存在的缘故。侍奉父母、尊敬兄长的良知之外，再也没有别的良知可以致了。所以说"尧舜之道，孝悌而已"。这也是做事要精纯专一的学问，它具有普遍性的真理到处都适用，在以后的时代施行也不会过时。

陈九川录

陈九川（1494—1562年），字惟溶，又字惟浚，号竹亭，后号明水，江西临川人。明中期理学家、诗人。是江右王门的代表人物。

【原文】

先生曰："耳、目、口、鼻、四肢，身也，非心安能视、听、言、动？心欲视、听、言、动，无耳、目、口、鼻、四肢亦不能。故无心则无身，无身则无心。但指其充塞处言之谓之身，指其主宰处言之谓之心，指心之发动处谓之意，指意之灵明处谓之知，指意之涉着处谓之物，只是一件。意未有悬空的，必着事物。故欲诚意，则随意所在某事而格之，去其人欲而归于天理，则良知之在此事者，无蔽而得致矣。此便是诚意的工夫。"

【译文】

先生说："耳、目、口、鼻、四肢都是身体的一部分，但是没有心能够看、听、说话、行动吗？心想要看、听、说话、行动，没有耳、目、口、鼻、四肢也做不到，所以说没有心也就没有身体，没有身体也就没有心。从它充盈空间上来说称为身，从它主宰上来说称为心，从心的发动上来说称为意，从心的灵明上来说称为知，都是一回事。意是不能单独存在的，必须表现在事物上。所以，要想诚意，就跟随意所在的某件事去格，摒除私欲而回归到天理。那么，良知在这件事上就不会被蒙蔽，就可以致知了。这就是诚意的工夫。"

【原文】

先生曰："人若知这良知诀窍，随他多少邪思枉念，这里一觉，都自消融。真个是灵丹一粒，点铁成金。"

【译文】

先生说："人要是知道了这良知的诀窍，任凭他有多少歪思邪念，只要被良知发觉，自然会消融。真像一颗灵丹，点铁成金。"

【原文】

又曰："知来本无知，觉来本无觉。然不知则遂沦埋。"

【译文】

先生接着说："理解了，才明白本无知；明觉了，才明白本无觉。然而，如果不能认知，良知就埋没了。"

【原文】

有一属官，因久听讲先生之学，曰："此学甚好，只是簿书讼狱繁难，不得为学。"

先生闻之，曰："我何尝教尔离了簿书讼狱悬空去讲学？尔既有官司之事，便从官司的事上为学，才是真格物。如问一词讼，不可因其应对无状，起个怒心；不可因他言语圆转，生个喜心；不可恶其嘱托，加意治之；不可因其请求，屈意从之；不可因自己事务烦冗，随意苟且断之；不可因旁人潜毁罗织，随人意思处之。这许多意思皆私，只尔自知，须精细省察克治，惟恐此心有一毫偏倚，枉人是非，这便是格物致知。簿书讼狱之间，无非实学。若离了事物为学，却是着空。"

【译文】

有一位下属官员，长期听先生的讲学，他说道："这学说非常好，只是平日里公务极其繁重，没有时间去做学问。"

先生听后，对他说："我何尝教你放弃公务而悬空去讲学？你既然需要断案，就从断案的事上学习，如此才是真正的格物。例如，当你判案时，不能因为对方的无礼而恼怒；不能因为对方言语圆滑而高兴；不能因为对方的找人求助而存心整治他；不能因为对方的哀求而屈意宽容他；不能因为自己的事务烦冗而随意草率结案；不能因为别人的诋毁和陷害而随别人的意愿去处理。这里所讲的一切情况都是私，唯你个人清楚。你必须仔细省察克治，唯恐心中有丝毫偏离而枉人是非，这就是格物致知。处理文件与诉讼，全是切实的学问。如果抛开事物去学，反而会不着边际。"

【原文】

先生曰："圣人亦是学知，众人亦是生知。"

问曰："何如？"

曰："这良知人人皆有。圣人只是保全无些障蔽，兢兢业业，亹亹翼翼，自然不息，便也是学。只是生的分数多，所以谓之生知安行。众人自孩提之童，莫不完具此知，只是障蔽多，然本体之知难泯息，虽问学克治，也只凭他。只是学的分数多，所以谓之学知利行。"

【译文】

先生说："圣人也是学而知之的，普通人也是生而知之的。"

陈九川问："为什么这样说？"

先生说："良知人人皆有。圣人只是保全它而不让它遭受任何蒙蔽，兢兢业业，勤勤恳恳，良知自然常存，这也是学习。只是天生就有的资质占的比重多一些，所以叫作'生之安行'。普通人从孩童的时候，没有不具有良知得，只是障碍、遮蔽太多。然而，那本体的知难以泯灭，即便求学克治，也只是依循良知。只是后天学习的比重多一些，所以叫作'学知利行'。"

黄直录

黄直（1500—1579年），字以方，别号卓峰，江西省金溪县人（今赣东抚河中游）。阳明先生的弟子。初由进士授漳州府推官。黄直在刑狱工作中，表现出刚方气节，明嘉靖四年（1525年）任长泰知县。

【原文】

黄以方问："先生格致之说，随时格物以致其知，则知是一节之知，非全体之知也，何以到得'溥博如天，渊泉如渊'地位？"

先生曰："人心是天渊。心之本体，无所不该，原是一个天。只为私欲障碍，则天之本体失了。心之理无穷尽，原是一个渊。只为私欲窒塞，则渊之本体失了。如今念念致良知，将此障碍窒塞一齐去尽，则本体已复，便是天渊了。"乃指天以示之曰："比如面前见天，是昭昭之天，四外见天，也只是昭昭之天。只为许多房子墙壁遮蔽，便不见天之全体，若撤去房子墙壁，总是一个天矣。不可道眼前天是昭昭之天，外面又不是昭昭之天也。于此便见一节之知即全体之知，全体之知即一节之知，总是一个本体。"

【译文】

黄以方问："先生格物致知的学说，是随时格物以致其知的。那么这个知就是部分的知，而不是全体的知，又怎么能达到'溥博如天，渊泉如渊'

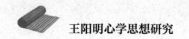

的境界？"

先生说："人心就是天和渊。心的本体无所不包容，原本就是天。只因为被私欲的障蔽，才失去了天的本体。心中的理无穷无尽，本来就是渊。只因为被私欲阻塞，所以渊的本体失去了。现在只要念念不忘致良知，将障蔽和阻塞统统清除干净，则心的本体就能恢复，就又是天和渊了。"

于是先生指着天说："比如面前所见的天，是明朗的天，四处所见的天也只是这明朗的天。只因为有许多房子墙壁遮蔽了，就看不到天的全体。如果将房子墙壁全部去除，还是这一个天。不能说眼前的天是明朗的天，外面就不是明朗的天。从此处就可以看出，部分的良知也就是全体的良知，全体的知也就是部分的良知。始终是一个本体。"

【原文】

先生曰："圣贤非无功业气节。但其循着这天理，则便是道。不可以事功气节名矣。"

【译文】

先生说："圣贤并不是没有功绩和气节，只是他们能遵循天理，这就是道。他们不是因为功绩气节而获名于天下的。"

【原文】

问"知行合一"。

先生曰："此须识我立言宗旨。今人学问，只因知行分作两件，故有一念发动，虽是不善，然却未曾行，便不去禁止。我今说个'知行合一'，正要人晓得一念发动处，便即是行了。发动处有不善，就将这不善的念克倒了，须要彻根彻底，不使那一念不善潜伏在胸中。此是我立言宗旨。"

【译文】

黄以方向先生请教"知行合一"的问题。

先生说："这需要首先了解我立论的主旨。如今的人做学问，因为把知行当两回事看。因此，有一个不是善的念头萌动，然而因为没有实行，就不去禁止它。我主张知行合一，正是要人们知道有一念萌发，也就是行了。若产生了不善的念头，就把这不善的念头克去，并且需要完完全全地把它从心中铲除。这就是我立论的主旨。"

【原文】

"圣人无所不知，只是知个天理；无所不能，只是能个天理。圣人本体明白，故事事知个天理所在，便去尽个天理。不是本体明后，却于天下事物都便知得，便做得来也。天下事物，如名物度数、草木鸟兽之类，不胜其烦。圣人须是本体明了，亦何缘能尽知得？但不必知的，圣人自不消求知，其所当知的，圣人自能问人。如'子入太庙，每事问'之类。先儒谓'虽知亦问，敬谨之至'。此说不可通，圣人于礼乐名物，不必尽知。然他知得一个天理，便自有许多节文度数出来。不知能问，亦即是天理节文所在。"

【译文】

"圣人无所不知，无所不能，就是因为心中有天理，就是因为遵循天理。圣人的本体晶莹亮洁，所以，对每件事他都知道天理所在，因而去穷尽其中的天理。不是等到本体晶莹亮洁后，就对天下的事物全部通晓，就能做好了。天下的事物，比如名物、度数、草木、鸟兽之类，不计其数。圣人的本体虽晶莹亮洁，对所有这些事物又怎能全部知道？只是无须知道的，圣人就自然不想知道，那么应该知道的，圣人自然打听明白。例如，孔子入太庙，每事都要问。而朱熹认为，孔子虽然全部知道，他还是要问，是一种恭敬谨慎的表现。这种观点不正确。圣人对礼乐、名物方面不一定全都知道，但是他知道一个天理，便自然有很多规矩法则引申出来。不知就问，这也正是天理所要求的。"

黄修易录

黄修易，字勉叔。余者不详。

问："近来用功，亦颇觉妄念不生，但腔子里黑窣窣的，不知如何打得光明？"

先生曰："初下手用功，如何腔子里便得光明？譬如奔流浊水，才贮在缸里，初然虽定，也只是昏浊的。须俟澄定既久，自然渣滓尽去，复得清来。汝只要在良知上用功，良知存久，黑窣窣自能光明矣。今便要责效，却是助长，不成工夫。"

【译文】

黄修易问："近来用功，觉得妄念不再产生，但是心中漆黑一片，不知道如何才能做到心中光明？"

先生说："刚开始用功，怎么就能做到让心中光明？就像是奔流的浊水，刚刚倒进到缸里，刚开始即使静止不动，也仍然是浑浊的。只有经过长时间的澄清，水中的渣滓才会沉淀，又会成为清水。你只要在良知上用功，良知经过长时间的存养，心中的黑暗自会光明。如今若要它立刻见效，只不过是揠苗助长，不能看成是工夫。"

【原文】

问："读书所以调摄此心，不可缺的。但读之之时，一种科目意思牵引而来。不知何以免此？"

先生曰："只要良知真切，虽做举业，不为心累。总有累，亦易觉克之而已。且如读书时，良知知得强记之心不是，即克去之；有欲速之心不是，即克去之；有夸多斗靡之心不是，即克去之。如此亦只是终日与圣贤印对，是个纯乎天理之心。任他读书，亦只是调摄此心而已，何累之有？"

【译文】

黄修易问："读书是为了修养身心，是生活中不能缺少的。然而在读书时，一种科举成名的念头就会产生，这种情况怎样才能避免出现呢？"

先生说："只要良知真切，即便是为了科举，也不会成为心的牵累。即使感到有所牵累，也容易发觉并去克制去除它。比如读书的时候，良知觉察到强记的心不对，就立刻克治去除它；良知觉察到求速的心不对，就立刻克治去除它；良知觉察到有好胜浮夸的心不对，就立刻克治去除它。像这样，每天都与圣贤的心印证对比，就是一颗纯粹天理的心。无论如何读书，也只是修养身心，怎么会有牵累呢？"

【原文】

先生一日出游禹穴，顾田间禾曰："能几何时，又如此长了！"

范兆期在旁曰："此只是有根。学问能自植根，亦不患无长。"

先生曰："人孰无根？良知即是天植灵根，自生生不息。但着了私累，把此根戕贼蔽塞，不得发生耳。"

【译文】

先生有一天去禹穴游览，看着田间的禾苗说道："这才几天，又长这么多了！"

在一旁的范兆期说："这是因为它有根。做学问如果自己能种下根，就不用担心不进步了。"

先生说："哪个人没有根呢？良知就是天生的灵根，自然会生生不息。只因为被私欲拖累，把这灵根残害蒙蔽了，使它不能正常地生长发育。"

黄省曾录

黄省曾（1490—1540年），字勉之，号五岳山人，吴县（今江苏苏州）人，先世为河南汝宁人。《明儒学案》记其"少好古文，解通《尔雅》。为王济之、杨君谦所知"。嘉靖十年（1531年）以《诗》经乡试中举，名列榜首，后进士累举不第，便放弃了科举之路，转攻诗词和绘画。交游极广，王阳明讲学越东，往见执子弟礼，又请益于谌若水，学诗于李梦阳。长于农业与畜牧，诗作以华艳胜。

【原文】

黄勉之问："无适也，无莫也，义之与比。事事要如此否？"

先生曰："固是事事要如此，须是识得个头脑乃可。义即是良知，晓得良知是个头脑，方无执着。且如受人馈送，也有今日当受的，他日不当受的，也有今日不当受的，他日当受的。你若执着了今日当受的，便一切受去；执着了今日不当受的，便一切不受去，便是适莫，便不是良知的本体。如何唤得做义？"

【译文】

黄勉之问："《论语》中说，君子对于天下的事情，没有什么是必须要亲近的，也没有什么是必须要疏远的，只将道义作为唯一的准则。所有的事情都要这样吗？"

先生说："虽然是所有的事情都要这样，也必须先知道一个主宰才行。义就是良知，明白了良知就是主宰，才不会拘泥固执。就像接受别人的馈赠，有今天应该接受，他日不该接受的情况，也有今天不该接受，而他日应该接受的情况。你如果固执地认为今天该接受的，就通通接受，今天不该接受的就拒之门外，这样就是'适''莫'了，就不是良知的本体了，怎么能叫作'义'呢？"

【原文】

问："逝者如斯是说自家心性活泼泼的否？"

先生曰："然。须要时时用致良知的工夫，方才活泼泼地，方才与他川水一般。若须臾间断，便与天地不相似。此是学问极至处，圣人也只如此。"

【译文】

黄勉之问："孔子说的'逝者如斯'是在形容自己的心性的生动活泼吗？"

先生说："是的。必须每时每刻用致良知的工夫，才能做到活泼，才能和那些江河里的水一样。如果有了一刻的间断，就和天地之道不相似了。这是学问极致的地方，圣人也只是如此而已。"

钱德洪录

钱德洪（1496—1574年），名宽，字洪甫，因避先世讳，以字行，号绪山。尝读《易》于灵绪山中，人称绪山先生。早年以授徒为业。正德十六年（1521年），王阳明省亲归姚，钱德洪率侄子门生74人迎请于中天阁，拜王阳明为师，是王阳明之后儒家心学的重要代表人物。王阳明奉旨出征广西，钱德洪主持中天阁讲席，人称为"王学教授师"。钱德洪的学说也有"三变"的过程。起初以"为善去恶"工夫为致良知，反对王畿的"四无说"而主张"四有说"；而后认为良知是"无善无恶"的，否定了前期的"四有说"；后期则强调"和"，认为"充天地间只有此知"。

【原文】

先生曰："良知是造化的精灵。这些精灵，生天生地，成鬼成帝，皆从此出，真是与物无对。人若复得他完完全全，无少亏欠，自不觉手舞足蹈，不知天地间更有何乐可代？"

【译文】

先生说："良知是造化的精灵。这些精灵，产生了天和地，造就了鬼神和上帝，所有一切都由它产生，任何事物都不可与它相比。人如果能将良知完完全全恢复到本来的样子，没有一丝的不同，自然就会不知道不觉手舞足

蹈，天地间不知还有什么乐趣可以取代它？"

【原文】

一友静坐有见，驰问先生。

答曰："吾昔居滁时，见诸生多务知解，口耳异同，无益于得。姑教之静坐，一时窥见光景，颇收近效；久之，渐有喜静厌动，流入枯槁之病。或务为玄解妙觉，动人听闻。故迩来只说致良知。良知明白，随你去静处体悟也好，随你去事上磨炼也好，良知本体原是无动无静的，此便是学问头脑。我这个话头，自滁州到今，亦较过几番，只是致良知三字无病。医经折肱，方能察人病理。"

【译文】

有位朋友在静坐中有所领悟，于是跑去请教先生。

先生说："我从前住在滁州时，学生们十分重现在知识见闻上辩论，我认为这对学问增长没有大的益处，于是就教他们静坐。一时在静中也略有所悟，能收到一些临时的效果。时间一久，逐渐产生了喜静厌动、陷入枯槁的毛病。有的人专注于玄妙的解释和感觉，以耸人听闻。因此，我近来只说致良知。理解了良知，无论你去静处体悟也好、去事上磨炼也好，而良知的本体原本无动静之分，这也正是学问的关键。针对这个问题，从在滁州时到现在，我经过再三思索，发觉只有'致良知'这三个字没有问题。这如同医生经历过多次病痛，方能真正明察解病人的情况。"

【原文】

先生曰："天命之谓性，命即是性。率性之谓道，性即是道。修道之谓教，道即是教。"

问："如何道即是教？"

曰："道即是良知。良知原是完完全全，是的还他是，非的还他非，是非只依着他，更无有不是处，这良知还是你的明师。"

【译文】

先生说："《中庸》所讲，上天所给予自然的禀赋叫作性，命即是性。依照本性做事叫作道，性即是道。修道的方法就是教化。道即是教。"

钱德洪问："为什么道就是教？"

先生回答说："道就是良知，良知本来是完完全全的，正确的就给他个正确的，错误的就给他个错误的，把良知作为判断对错的依据，就再没有不对的地方，这个良知还是你的明师。"

【原文】

先生曰："仙家说到虚，圣人岂能虚上加得一毫实？佛氏说到无，圣人岂能无上加得一毫有？但仙家说虚，从养生上来，佛氏说无，从出离生死苦海上来，却于本体上加却这些子意思在，便不是他虚无的本色了，便于本体有障碍。圣人只是还他良知的本色，更不着些子意在。良知之虚，便是天之太虚；良知之无，便是太虚之无形。日月风雷、山川民物，凡有貌象形色，皆在太虚无形中发用流行，未尝作得天的障碍。圣人只是顺其良知之发用，天地万物俱在我良知的发用流行中，何尝又有一物超于良知之外，能作得障碍？"

【译文】

先生说："道家讲究虚，圣人怎能在虚上增加上一丝一毫的实？佛家说到无，圣人怎能在无上增加上一丝一毫的有？但是道家说虚，是从养生上来说的，佛家说无，是从脱离生死苦海上来说的，在本体上增加了这些意思进去，就不是虚、无的本意了，就妨碍了本体。圣人只是还原良知的本意，不增加另外的意思在给它。良知的'虚'就是'天之太虚'的'虚'；良知的'无'，就是'太虚之无形'的'无'。日月风雷、山川民物等，凡是有貌有形有色的东西，都在太虚无形之中生发运行，从未成为天的障碍。圣人只是

顺应良知的生发作用，天地万物都在良知的生发作用和流行之中，又何曾有一物超出良知之外而成为良知的障碍呢？"

【原文】

朱本思问："人有虚灵，方有良知。若草木瓦石之类，亦有良知否？"

先生曰："人的良知，就是草木瓦石的良知。若草木瓦石无人的良知，不可以为草木瓦石矣。岂惟草木瓦石为然？天地无人的良知，亦不可为天地矣。盖天地万物与人原是一体，其发窍之最精处，是人心一点灵明。风雨露雷，日月星辰，禽兽草木，山川土石，与人原是一体。故五谷禽兽之类皆可以养人，药石之类皆可以疗疾。只为同此一气，故能相通耳。"

【译文】

朱本思问："人先有清净灵觉，而后才有良知。像草、木、瓦、石之类，也有良知吗？"

先生说："人的良知，也就是草木瓦石的良知。如果草木瓦石没有人的良知，也就不能称之为草木瓦石了。岂止草木瓦石这样呢？天地如果没有人的良知，也就不可以称之为天地了。天地万物与人原本一体，它最精妙的开窍处是人心的一点灵觉清明。风雨雷电、日月星辰、禽兽草木、山川土石与人原本是一体的。所以，五谷禽兽之类都可以供养人类，药石之类都可以治疗疾病，只因为同源于一气，所以能够相通。"

【原文】

先生曰："《大学》所谓厚薄，是良知上自然的条理，不可逾越，此便谓之义；顺这个条理，便谓之礼；知此条理，便谓之智；终始是这个条理，便谓之信。"

【译文】

先生说："《大学》中所说的厚薄，是良知上自然而有秩序的，不能逾越，这就称为义；遵循这个秩序，就称为礼；明白这个秩序就称为智；自始至终坚持这个秩序就称为信。"

【原文】

曰："正求讲明致之之功。"

先生曰："此亦须你自家求，我亦无别法可道。昔有禅师，人来问法，只把麈尾提起。一日，其徒将其麈尾藏过，试他如何设法。禅师寻麈尾不见，又只空手提起。我这个良知就是设法的麈尾，舍了这个，有何可提得？"

【译文】

朋友说："正是请求讲清楚致此良知的方法。"

先生说："这也需要你自己去探求，我没有其他的办法对你说。过去有位禅师，别人请教佛法，他只把拂尘提起来。有一天，他的徒弟把拂尘藏了起来，看他还有什么办法。禅师因不能找到拂尘，只好空手做出提拂尘的样子。我这个良知学，就是启发人的拂尘，除此而外，还有什么可提的呢？"

【原文】

或问至诚前知。

先生曰："诚是实理，只是一个良知。实理之妙用流行就是神，其萌动处就是几，诚神几曰圣人。圣人不贵前知，祸福之来，虽圣人有所不免。圣人只是知几，遇变而通耳。良知无前后，只知得见在的几，便是一了百了。若有个前知的心，就是私心，就有趋避利害的意。邵子必于前知，终是利害心未尽处。"

【译文】

有人请教《中庸》中的"至诚之道可以前知"。

先生说："诚是实在的道理，本质上只是一个良知。实在道理的妙用流行起来就是神，它的萌动之处就是几。具备诚、神、几的人叫圣人。对于圣人来说，重要的不是对事情可以预知，祸福到来的时候，即便是圣人也不能避免.对于圣人来说，重要的是能洞悉事情的发展规律，遇到事情能够随机应变。良知不分前后，只要能够洞悉事情的发展规律，就是知道一，就知道所有的事物。若有一个预知的心，就为私心，即是趋利避害的意思。邵雍一定要预先知道一切，就是因为他那趋利避害的私心没有彻底铲除。"

【原文】

先生曰："无知无不知，本体原是如此。譬如日未尝有心照物，而自无物不照。无照无不照，原是日的本体。良知本无知，今却要有知。本无不知，今却疑有不知。只是信不及耳。"

先生曰："惟天下之圣为能聪明睿知，旧看何等玄妙，今看来原是人人自有的。耳原是聪，目原是明，心思原是睿知。圣人只是一能之尔。能处正是良知。众人不能，只是个不致知。何等明白简易！"

【译文】

先生说："本体原本就是无知无不知的。好比太阳，它不一定是有意普照宇宙间万物，但是世间万物无不接受太阳的普照。无照无不照原本就是太阳的本体。良知本来是无知的，现在却要它有知，良知本来是无不知的，如今却怀疑它有不知。这些只因不能完全相信良知罢了。"

先生说："《中庸》中的'惟天下之圣为能聪明睿知'这句话，从前看这句话觉得它玄妙莫测。现在看来，它原本是人人自己就有的。耳原本是聪闻，眼睛原本就是明察，心思原本是睿智。圣人只是具备一种才能而已，这种才能就是良知。普通人不能做到这点，只是因为不能致良知。这是多么明白简易啊！"

【原文】

问："孔子所谓远虑，周公夜以继日，与将迎不同何如？"

先生曰："远虑不是茫茫荡荡去思虑，只是要存这天理。天理在人心，亘古亘今，无有终始。天理即是良知，千思万虑，只是要致良知。良知愈思愈精明，若不精思，漫然随事应去，良知便粗了。若只着在事上茫茫荡荡去思，教做远虑，便不免有毁誉、得丧、人欲搀入其中，就是将迎了。周公终夜以思，只是戒慎不睹，恐惧不闻的工夫。见得时，其气象与将迎自别。"

【译文】

有人问："孔子所谓的远虑，周公所谓的夜以继日，与迎来送往有什么不同？"

先生说："远虑并不是漫无边际地去思考，是要存养天理。天理就在人的心中，自古至今，无始无终。天理就是良知，千思万虑也只是要致良知。良知是越思考越精明。若不深思熟虑，只是随随便便地根据事情去应付，良知就变得粗糙了。若以为远虑就是在事情上不着边际地思考，就不免有毁誉、得失、私欲掺杂其间，也就是迎来送往了。周公整夜地思考，仅一个'戒慎不睹，恐惧不闻'的工夫。认识了这一点，就知道周公的境界和'将迎'之心自然不同。"

【原文】

先生曰："'先天而天弗违'，天即良知也。'后天而奉天时'，良知即天也。"

"良知只是个是非之心，是非只是个好恶。只好恶就尽了是非，只是非就尽了万事万变。"

又曰："是非两字是个大规矩，巧处则存乎其人。"

【译文】

先生说："'先天而天弗违'，因为天就是良知。'后天而奉天时'，因为良知就是天。"

"良知只是个分辨是非的心，是非只是个喜好和厌恶。只要明白了喜好和厌恶也就明白了是非，只要明白了是非也就能把握万事万物的变化。"

先生又说："'是非'这两个字是个大原则，能否灵活应用，只能因人而异了。"

【原文】

"圣人之知如青天之日，贤人如浮云天日，愚人如阴霾天日。虽有昏明不同，其能辨黑白则一。虽昏黑夜里，亦影影见得黑白，就是日之余光未尽处。困学工夫，亦是从这点明处精察去耳。"

【译文】

"圣人的良知就像晴空中的太阳，贤人的良知就像有浮云的天空中的太阳，愚人的良知就像有阴霾的天空中的太阳。虽然他们有光明与昏暗的区别，但是在辨别是非黑白这一点上是相同的。即便是在昏黑的夜里，也能隐隐约约分辨出黑白，这就是太阳的余光还未完全消失的地方。在困境中学习工夫，也只是从这一点光明的地方去精确体察。"

【原文】

问："知譬日，欲譬云。云虽能蔽日，亦是天之一气合有的，欲亦莫非人心合有否？"

先生曰："喜、怒、哀、惧、爱、恶、欲，谓之七情，七者俱是人心合有的，但要认得良知明白。比如日光，亦不可指着方所。一隙通明，皆是日光所在。虽云雾四塞，太虚中色象可辨，亦是日光不灭处。不可以云能蔽日，教天不要生云。七情顺其自然之流行，皆是良知之用，不可分别善恶，但不可有所着。七情有着，俱谓之欲，俱为良知之蔽。然才有着时，良知亦自会觉。觉即蔽去，复其体矣。此处能勘得破，方是简易透彻工夫。"

【译文】

有人问："良知仿佛太阳，私欲仿佛浮云。浮云虽然能遮挡住太阳，但也是天气中本来就应该有的，私欲莫非也是人心中本来就应该有的吗？"

先生说："喜、怒、哀、惧、爱、恶、欲，称之为七情，七情都是人心应该有的，但是需要将良知理解清楚。比如阳光，它不能总停留在一处。无论何处，只要有一线光明，就全是阳光所在处。即便天空布满云雾，只要天空中还能分辨颜色和形式，也是日光没有消逝的地方。不能因为浮云能遮蔽太阳，就要求天空不要产生浮云。人的七情能顺应自然而生发，都是良知的作用，不能区分出善或恶来，但不能对此过于执着。七情发动处，有了执着，都称之为私欲，都是良知的障蔽。不过，稍有出现执着的现象，良知就会发觉。发觉了就会除掉这蒙蔽，恢复它的本体。能在此处识得破，看得清，才是简易透彻的工夫。"

【原文】

问："圣人生知安行是自然的，如何有甚工夫？"

先生曰："知行二字，即是工夫，但有浅深难易之殊耳。良知原是精精明明的，如欲孝亲，生知安行的，只是依此良知实落尽孝而已；学知利行者，只是时时省觉，务要依此良知尽孝而已；至于困知勉行者，蔽锢已深，虽要依此良知去孝，又为私欲所阻，是以不能，必须加人一己百、人十己千之功，方能依此良知以尽其孝。圣人虽是生知安行，然其心不敢自是，肯做困知勉行的工夫。困知勉行的却要思量做生知安行的事，怎生成得？"

【译文】

有人问："圣人的生知安行是自然就能如此的，这是否还需要其他的工夫？"

先生说："知行两字就是工夫，只是有深浅难易的区别而已。良知原本是精明的。如果孝敬父母，生知安行的人只是依照良知去尽孝道而已，学知利行的人只是时刻省察，努力依照良知去尽孝道而已。至于困知勉行的人，被私欲蒙蔽禁锢的已经很深了，即便想依照良知去尽孝道，又会被私欲阻隔，因此不能尽孝道。这就需要付出比旁人多十倍、百倍的工夫，才能依照良知去尽孝道。虽然圣人是生知安行的，但他的心里不敢自以为是，所以他宁肯做困知勉行人所做的工夫。然而，困知勉行之人却想着去做生知安行之人所能做的事，怎么可能做成呢？"

【原文】

问："良知一而已。文王作彖，周公系爻，孔子赞《易》，何以各自看理不同？"

先生曰："圣人何能拘得死格？大要出于良知同，便各为说何害？且如一园竹，只要同此枝节，便是大同。若拘定枝枝节节，都要高下大小一样，便非造化妙手矣。汝辈只要去培养良知。良知同，更不妨有异处。汝辈若不肯用功，连笋也不曾抽得，何处去论枝节？"

【译文】

有人问："良知只有一个。但是，周文王作卦辞，周公旦作爻辞，孔夫子作《周易》，为何他们所认识的理是不同的呢？"

先生说："圣人怎么会呆板地拘泥于格式呢？只要他们的主要观点都是出于良知，即使说法有所不同又有什么妨碍呢？就像满园的竹子，只要枝节相差不多，也就是大同了。如果拘泥于枝枝节节，都要高低大小一样，那就不是大自然造化的奇妙了。你们只要去培养良知，良知相同，在有些地方有区别无关紧要。你们如果不肯用功，连竹笋都长不出来，又到什么地方去谈论竹子的枝节呢？"

【原文】

问："良知原是中和的，如何却有过、不及？"

先生曰："知得过、不及处，就是中和。"

"'所恶于上'是良知，'毋以使下'即是致知。"

【译文】

有人问："良知本来是中和的，如何会有过与不及呢？"

先生说："清楚了过与不及，也就是中和。"

"《大学》中的'所恶于上'，就是良知；'毋以使下'，就是致知。"

黄以方录

黄直（1500—1579年），字以方，别号卓峰，江西省金溪县人（今赣东抚河中游）。阳明先生的弟子。初由进士授漳州府推官。黄直在刑狱工作中，表现出刚方气节，明嘉靖四年（1525年）任长泰知县。

【原文】

或疑知行不合一，以"知之匪艰"二句为问。

先生曰："良知自知，原是容易的。只是不能致那良知，便是'知之匪艰，行之惟艰'。"

【译文】

有位弟子感觉知行不能合一，他向先生请教他向先生请教"知之匪艰"。

先生说："良知自然能知，本来很简单。只因不能致这个良知，因而就有了'知之匪艰，行之惟艰'的说法。"

【原文】

又问："心即理之说，程子云'在物为理'，如何谓心即理？"

先生曰："'在物为理'，'在'字上当添一'心'字。此心在物则为理。如此心在事父则为孝，在事君则为忠之类。"先生因谓之曰："诸君要识得我立言宗旨。我如今说个心即理是如何，只为世人分心与理为二，故便有许多病痛。如五伯攘夷狄，尊周室，都是一个私心，便不当理。人却说他做得当理。只心有未纯，往往悦慕其所为，要来外面做得好看，却与心全不相干。分心与理为二，其流至于伯道之伪而不自知。故我说个心即理，要使知心理是一个，便来心上做工夫，不去袭义于外，便是王道之真。此我立言宗旨。"

【译文】

弟子又问："先生主张心就是理，程颐认为'在物为理'，怎么说心就是理呢？"

先生说："'在物为理'，'在'字前面应添加一个'心'字。这心在物上就是理。例如，这个心在侍父上就是孝，在事君上就是忠，等等。"

先生接着说："各位要知道我立论的宗旨，我现在说心就是理，其用意是什么呢？只因世人将心和理一分为二，所以就会出现许多弊端。比如五霸攻击夷狄，尊崇周王室，都是为了一个私心，因此就不合乎理，但人们说他们做得十分合理。这只是世人的心不够明净，对他们的行为往往羡慕，并且只求外表漂亮，与心毫无关系。把心和理分开为二，它的结局是，自己已陷入霸道虚伪还没觉察到。所以我认为心就是理。要让人们明白心和理只是一个，仅在心上做工夫，而不到心外去寻求，这才是王道的真谛，亦是我立论的宗旨。"

【原文】

问："声色货利，恐良知亦不能无。"

先生曰："固然。但初学用功，却须扫除荡涤，勿使留积，则适然来遇，始不为累，自然顺而应之。良知只在声色货利上用功。能致得良知精精明明，毫发无蔽，则声色货利之交，无非天则流行矣。"

【译文】

问："沉溺声色、贪财好利，恐怕良知中也不会没有这些东西吧？"

先生说："当然啦！但是初学者用功，却必须将这些念头扫除干净，不使声色货利丝毫留存心中。这样即使偶然遇到了，也不会成为负担，自然会去依循良知并对它作出反应。良知仅在声色货利上用功。若能使所致的良知精精明明，毫无一丝蒙蔽，那么，即便与声色货利交往，无不是天理的作用。"

【原文】

一友举佛家以手指显出问曰："众曾见否？"众曰："见之。"复以手指入袖，问曰："众还见否？"众曰："不见。"佛说还未见性。此义未明。

先生曰："手指有见有不见，尔之见性常在。人之心神只在有睹有闻上驰骋，不在不睹不闻上着实用功。盖不睹不闻是良知本体，戒慎恐惧是致良知的工夫。学者时时刻刻学睹其所不睹，常闻其所不闻，工夫方有个实落处。久久成熟后，则不须着力，不待防检，而真性自不息矣。岂以在外者之闻见为累哉？"

【译文】

有位朋友举出一个例子说，一位禅师伸出手指问："你们看见了没有？"大家都说："看见了。"禅师又把手指插入袖中，又问："你们还能看见吗？"大家都说："看不见。"禅师于是说众人还未见性。这位朋友不理解禅师的意思。

先生说："手指有能看见的时候，有不能看见的时候，但是你能看见的性则永远存在。人的心神只知道在能看到能听到的地方下工夫，却不知道在不能看到不能听到的地方切实用功。不能看到不能听到的是良知本体，戒慎恐惧是致良知的工夫。学的人要时时刻刻学着看所看不到的，时时刻刻听所听不到的，工夫才有一个切实之处。时间一长，当工夫纯熟后，就不需要费力，不需要提防检点，人的真性也就自然生生不息了。又岂能被外在的见闻所拖累呢？"

【原文】

又曰："此道至简至易的，亦至精至微的。孔子曰：'其如示诸掌乎。'且人于掌何日不见，及至问他掌中多少文理，却便不知。即如我良知二字，一讲便明，谁不知得？若欲的见良知，却谁能见得？"

问曰："此知恐是无方体的，最难捉摸。"

先生曰："良知即是《易》，'其为道也屡迁，变动不居，周流六虚，上下无常，刚柔相易，不可为典要，惟变所适。'此知如何捉摸得？见得透时便是圣人。"

【译文】

先生说："这个道是十分简单易行的，也是十分精细微妙的。孔夫子说：'其如示诸掌乎。'人哪天不见自己的手掌，但是，当问他手掌上有多少条纹理，他就不知道了。就如同我说的良知二字，一讲就能明白，谁不知道呢？若要他真正理解良知，谁又能理解呢？"

因而有人问："这个良知只怕是无方位、无形体，所以令人难以捉摸。"

先生说："良知也就是《易》，'其为道也屡迁，变动不居，周流六虚，上下无常，刚柔相易，不可为典要，惟变所适'。由此可知，这个良知岂能捉摸得到？把良知理解透彻了，也就成为圣人了。"

第四章
王阳明先生杂著选译

玩易窝记（戊辰）①

【原文】

阳明子之居夷也，穴山麓之窝而读《易》其间。始其未得也，仰而思焉，俯而疑焉，函六合入无微，茫乎其无所指，子乎其若株。其或得之也，沛兮其若决，联兮其若彻，菹淤出焉，精华入焉，若有相者而莫知其所以然。其得而玩之也，优然其休焉，充然其喜焉，油然其春生焉；精粗一，外内翕，视险若夷，而不知其夷之为厄也。

于是阳明子抚几而叹曰："嗟乎！此古之君子所以甘囚奴，忘拘幽，而不知其老之将至也夫。吾知所以终吾身矣。"名其窝曰"玩易"，而为之说曰：夫《易》三才之道备焉；古之君子，居则观其象而玩其辞，动则观其变而玩其占。观象玩辞，三才之体立矣；观变玩占，三才之用行矣。体立故存而神；用行故动而化。神故知周万物而无方；化故范围天地而无迹。无方则象辞基焉；无迹则变占生焉。是故君子洗心而退藏于密，斋戒以神明其德也。

盖昔者夫子尝韦编三绝焉。呜呼！"假我数十年以学《易》，其亦可以无大过已夫。"

【译文】

我被贬谪龙场时，住在山脚下的一个洞窝里，闲暇时在里面读《易》

---

① 陈明.王阳明全集[M].武汉：华中科技大学出版社，2017.
本章引文均出自本书，以下不再出注。

经，刚开始的时候没有领悟其真正的内涵。我无时无刻地思考和提出疑问，思想游走天地四方，感到很茫然，不知道它的要旨是什么，就像一株孑然独立的树一样；间或也偶然有所得，那时灵感就像决口的大堤源源而来，不断清晰明了，就像彻底贯通了一般，不懂得东西迎刃而解，逐步领悟到了其精华。有时感觉看到了它，但是又不是真正能看清它。得到其中的要义不断地玩味，悠然自得就像在休息一般，喜悦之情充满心中，如同沐浴春天般的生机里，此时内心和自然合而为一，艰险也变为平坦，也忘却了这种平坦正是一种灾难。

　　我抚着案几思叹道："唉，这就是古代那些君子，之所甘心做囚奴，忘形于拘幽，而不知老之将至的原因啊。我知道我一生的归宿了。"我给这个窝起名叫"玩易"，并对此解释说："《易》中三才之道是很完备的；古代的君子，闲居时就察看天象，学习卦辞和爻辞；行动时就根据变化而进行占卜。察看天象学习卦辞和爻辞，三才的本体便就具备了；根据事物的变化进行占卜，三才的作用就发挥了。本体确立，就能把太虚之神给显现、呈现出来，这样就能尽性而合于大化天道；用得到实行因而事物便有运动变化产生；因为其神明故可知道周围万事万物而没有什么例外的，因为变化故天地万物也没有什么可推究的，没有例外因此象辞便成为基本的；没有可推究的那么变合便可产生了，因此君子去掉心中的杂念，退隐到静寂之中，进行斋戒以神明他的德行。大概这便是昔日夫子曾经韦编三绝的原因。唉！给我几十年的时间来学易，也就不会有大过失了吧。"

瘗旅文

【原文】

维正德四年秋月三日，有吏目云自京来者，不知其名氏，携一子一仆，将之任，过龙场，投宿土苗家。予从篱落间望见之，阴雨昏黑，欲就问讯北来事，不果。明早，遣人觇之，已行矣。

薄午，有人自蜈蚣坡来，云："一老人死坡下，傍两人哭之哀。"予曰："此必吏目死矣。伤哉！"薄暮，复有人来，云："坡下死者二人，傍一人坐哭。"询其状，则其子又死矣。明日，复有人来，云："见坡下积尸三焉。"则其仆又死矣。呜呼伤哉！

念其暴骨无主，将二童子持畚、锸往瘗之，二童子有难色然。予曰："嘻！吾与尔犹彼也！"二童悯然涕下，请往。就其傍山麓为三坎，埋之。又以只鸡、饭三盂，嗟吁涕洟而告之，曰：

呜呼伤哉！繄何人？繄何人？吾龙场驿丞余姚王守仁也。吾与尔皆中土之产，吾不知尔郡邑，尔乌为乎来为兹山之鬼乎？古者重去其乡，游宦不逾千里。吾以窜逐而来此，宜也。尔亦何辜乎？闻尔官吏目耳，俸不能五斗，尔率妻子躬耕可有也。乌为乎以五斗而易尔七尺之躯？又不足，而益以尔子与仆乎？呜呼伤哉！

尔诚恋兹五斗而来，则宜欣然就道，胡为乎吾昨望见尔容蹙然，盖不任其忧者？夫冲冒雾露，扳援崖壁，行万峰之顶，饥渴劳顿，筋骨疲惫，而又

192

瘴疬侵其外，忧郁攻其中，其能以无死乎？吾固知尔之必死，然不谓若是其速，又不谓尔子尔仆亦遽然奄忽也！皆尔自取，谓之何哉！吾念尔三骨之无依而来瘗尔，乃使吾有无穷之怆也。

呜呼伤哉！纵不尔瘗，幽崖之狐成群，阴壑之虺如车轮，亦必能葬尔于腹，不致久暴露尔。尔既已无知，然吾何能违心乎？自吾去父母乡国而来此，三年矣，历瘴毒而苟能自全，以吾未尝一日之戚戚也。今悲伤若此，是吾为尔者重，而自为者轻也。吾不宜复为尔悲矣。

吾为尔歌，尔听之。歌曰：连峰际天兮，飞鸟不通。游子怀乡兮，莫知西东。莫知西东兮，维天则同。异域殊方兮，环海之中。达观随寓兮，奚必予宫。魂兮魂兮，无悲以恫。

又歌以慰之曰：与尔皆乡土之离兮，蛮之人言语不相知兮。性命不可期，吾苟死于兹兮，率尔子仆，来从予兮。吾与尔遨以嬉兮，骖紫彪而乘文螭兮，登望故乡而嘘唏兮。吾苟获生归兮，尔子尔仆，尚尔随兮，无以无侣为悲兮！道旁之冢累累兮，多中土之流离兮，相与呼啸而徘徊兮。餐风饮露，无尔饥兮。朝友麋鹿，暮猿与栖兮。尔安尔居兮，无为厉于兹墟兮！

【译文】

在大明正德四年秋季某月初三日，有一名吏目从北京来到这里，不知他姓甚名谁。身边带着一个儿子、一个仆人，将要上任，路过龙场，投宿在一户苗族人家。我从篱笆中间望见他，当时阴雨昏黑，想靠近他打听北方的情况，没有实现。第二天早晨，派人去探视，他已经走了。

近午时刻，有人从蜈蚣坡那边来，说："有一个老人死于坡下，旁边两人哭得很伤心。"我说："这一定是吏目死了。可悲啊！"傍晚，又有人来说："坡下死了两个人，旁边一人坐着叹息。"问明他们的情状，方知他的儿子又死了。第二天，又有人来说："看到坡下堆了三具尸体。"那么，他的仆人又死了。唉，令人伤心啊！

想到他们的尸骨暴露在荒野，无人认领，于是我就带着两个童仆，拿着畚箕和铁锹，前去埋葬他们。两名童仆脸上流露出为难的情绪。我说："唉，我和你们，本像他们一样啊。"两名童仆怜悯地淌下眼泪，要求一起去。于是在旁边的山脚下挖了三个坑，把他们埋了。随即供上一只鸡、三碗饭，一面叹息，一面流着眼泪，向死者祭告说：

唉，悲伤啊！你是什么人，什么人啊？我是此地龙场驿的驿丞、余姚王守仁。我和你都生长在中原地区，我不知你的家乡是何郡何县，你为什么要来做这座山上的鬼魂啊？古人不会轻率地离开故乡，外出做官也不超过千里。我是因为流放而来此地，理所应当。你又有什么罪过而非来不可呢？听说你的官职，仅是一个小小的吏目而已。薪俸不过五斗米，你领着老婆孩子亲自种田就会有了。为什么竟用这五斗米换去你堂堂七尺之躯？又为什么还觉得不够，再加上你的儿子和仆人啊？哎呀，太悲伤了！你如果真正是为留恋这五斗米而来，就应该欢欢喜喜地上路，为什么我昨天望见你皱着额头、面有愁容，似乎承受不起那深重的忧虑呢？

一路上常冒着雾气露水，攀缘悬崖峭壁，走过万山的峰顶，饥渴劳累，筋骨疲惫，又加上瘴疠侵其外，忧郁攻其中，难道能免于一死吗？我固然知道你会必死，可是没有想到会如此之快，更没有想到你的儿子、你的仆人也会很快地死去啊。都是你自己找来的呀，还说它什么呢？我不过是怜念你们三具尸骨无所归依才来埋葬罢了，却使我引起无穷的感怆。唉，悲痛啊！纵然不葬你们，那幽暗的山崖上狐狸成群，阴深山谷中粗如车轮的毒蛇，也一定能够把你们葬在腹中，不致长久的暴露。你已经没有一点知觉，但我又怎能安心呢？自从我离开父母之乡来到此地，已经三个年头。历尽瘴毒而能勉强保全自己的生命，主要是因为我没有一天怀有忧戚的情绪啊。今天忽然如此悲伤，乃是我为你想得太重，而为自身想得很轻啊。我不应该再为你悲伤了！

我来为你唱歌，你请听着。我唱道：连绵的山峰高接云天啊，飞鸟不通。怀念家乡的游子啊，不知西东。不知西东啊，顶上的苍天却一般相同。

地方纵然相隔甚远啊，都在四海的环绕之中。想得开的人儿到处为家，又何必守住那旧居一栋？魂灵啊，魂灵啊，不要悲伤，不要惊恐！

　　再唱一支歌来安慰你：我与你都是离乡背井的苦命人啊，蛮人的语言谁也听不懂，性命没指望啊，前程一场空。假使我也死在这地方啊，请带着你子你仆紧相从。我们一起遨游同嬉戏，其乐也无穷。驾驭紫色虎啊，乘坐五彩龙；登高望故乡啊，放声叹息长悲恸。假使我有幸能生还啊，你尚有儿子仆人在身后随从；不要以为无伴侣啊，就悲悲切切常哀痛。道旁累累多枯冢啊，中原的游魂卧其中，与他们一起呼啸，一起散步从容。餐清风，饮甘露啊，莫愁饥饿腹中空。麋鹿朝为友啊，到晚间再与猿猴栖一洞。安心守分居墓中啊，可不要变成厉鬼村村寨寨乱逞凶！

朱子晚年定论序（戊寅）

【原文】

洙、泗之传，至孟氏而息。千五百余年，濂溪、明道始复追寻其绪。自后辨析日详，然亦日就支离决裂，旋复湮晦。吾尝深求其故，大抵皆世儒之多言有以乱之。

守仁早岁业举，溺志词章之习，既乃稍知从事正学，而苦于众说之纷扰疲薾，茫无可入，因求诸老、释，欣然有会于心，以为圣人之学在此矣。然于孔子之教间相出入，而措之日用，往往缺漏无归，依违往返，且信且疑。其后谪官龙场，居夷处困，动心忍性之余，恍若有悟，体验探求，再更寒暑，证诸《五经》《四子》，沛然若决江河而放诸海也。然后叹圣人之道坦如大路，而世之儒者妄开窦径，蹈荆棘，堕坑堑，究其为说，反出二氏之下，宜乎世之高明之士厌此而趋彼也，此岂二氏之罪哉？间尝以语同志，而闻者竞相非议，目以为立异好奇。虽每痛反探抑，务自搜剔斑瑕，而愈益精明的确，洞然无复可疑。独于朱子之说有相抵牾，恒疚于心，切疑朱子之贤，而岂其于此尚有未察？及官留都，复取朱子之书而检求之，然后知其晚岁故已大悟旧说之非，痛悔极艾，至以为自诳诳人之罪不可胜赎。世之所传《集注》《或问》之类，乃其中年未定之说，自咎以为旧本之误，思改正而未及，而其诸《语类》之属，又其门人挟胜心以附己见，固于朱子平日之说犹有大相谬戾者。而世之学者局于见闻，不过持循讲习于此，其于悟后之论概乎其未有闻，则亦何怪乎予言之不信，而朱子之心无以自暴于后世也乎？

予既自幸其说之不谬于朱子，又喜朱子之先得我心之同然，且慨夫世之学者徒守朱子中年未定之说，而不复知求其晚岁既悟之论，竞相呶呶，以乱正学，不自知其已入于异端，辄采录而裒集之，私以示夫同志，庶几无疑于吾说，而圣学之明可冀矣。

【译文】

孔子的圣学，传到孟子后就中断了。一千五百多年后，周敦颐阐明圣学的道理，才重新去寻求完成前人未完成的事业。自此以后，圣学之道辨别分析日益详尽，同时圣学之道也就日益支离破碎，很快就又埋没，不为人所知了。

我曾经深入地探究其中的原因，大概是当时儒学的学者学说较多，存在把圣道混淆的现象。我年少之时为科举应试而学习，沉溺于学习词章，对于正学（中国儒学发展至理学阶段的称谓）只是略微地学习，杂乱的学说使我身心疲惫、心情烦恼，茫然而找不到适合自己的方向。因此，想从道家、佛家那里得到答案，有所领悟时内心感到十分欣喜，还以为圣人的学问就在这里。然而佛、道之学的变化不定和孔子的学说不能交融，将它用于平日生活，却存在很多的缺失和错漏，找不到归宿。反复思辨，感觉都是模棱两可，所以有时信有时怀疑。

后来，我被贬谪到龙场，居住在边境。在努力克服恶劣的环境，坚持生活下去的过程中，仿佛突然明白了什么。在亲身经历、实地领会中探索寻求。又过了一年，凭借自己的感悟再来看《诗》《书》《礼》《易》《乐》《春秋》和《论语》《孟子》《大学》《中庸》，一下子像是江河汇入大海一般豁然贯通了。

然后感慨圣人之道，就像大路一样平坦，而世上的儒生却妄自另辟蹊径，踏入荆棘，堕入深坑，研究以下他们的学说，反而远远不如佛、道两家。难怪世上许多高明的人都厌恶儒学而去投向佛、道了，这难道是佛、道的过错吗？

近来，我曾和朋友说起这些道理，而那些听过我说过的人争相非议我的学说，认为这是标新立异。为此，经常感觉到悲伤和抑郁，反复检查这个观点的瑕疵不足，发现愈发更加确定它是精确明白的，清楚明了没有任何可疑之处。

只是对自己的观点与朱子之学有相矛盾的地方，内心很长时间都是忧苦的。深疑朱子这般贤明的人，难道对这些方面没有觉察到？等到我南京为官的时候，再次拿朱子的书来仔细研究，才知道朱子在晚年的时候已经明白自己以前的学说有误，痛苦悔恨到了极点，认为这是自欺欺人的罪过，错误太大无法弥补。世间所流传的《四书集注》《大学或问》等，都是朱子中年还未确定的学说，朱子把原因归咎于旧本的错误，想要改正而没有来得及。《朱子语类》等文字，又是他的弟子怀着争强好胜之心曲解自己的意思，根本就和朱子平素的学说大相径庭。然而世上儒者由于受见识见闻的局限，不过是依循这些研究学习朱子还未确定的学说，对于朱子晚年悔悟之后的言论，大概并未听说过，既然这样，那么我所说的话没有人相信，朱子无法将自己的心迹昭示后世，又有什么奇怪呢？

我既庆幸自己的见解不与朱子的言论矛盾，又高兴朱子能够在我之前便明白这些道理。但是，我也感叹世俗的学者只守着朱子中年还未确定的学说，却不知道探求其晚年大彻大悟的学说，反而相互在争来吵去，扰乱正学，却不知道自己已经堕入异端学说上了。

于是，我就把朱子晚年的定论采录搜起来，私下里给朋友们阅览，或许可以不再怀疑我的学说，从而圣人之学能够得以昌明就有希望了。

《大学》古本序（戊寅）

【原文】

大学之要，诚意而已矣。诚意之功，格物而已矣。诚意之极，止至善而已矣。止至善之则，致知而已矣。正心，复其体；修身，著其用也。以言乎己，谓之明德；以言乎人，谓之亲民；以言乎天地之间，则备矣。是故至善也者，心之本体也。动而后有不善，而本体之知，未尝不知也。

意者，其动也；物者，其事也。致其本体之知，而动无不善。然非即其事而格之，则亦无以致其知。故致知者，诚意之本也；格物者，致知之实也。物格则知致意诚。而有以复其本体，是之谓止至善。

圣人惧人之求之于外也，而反覆其辞。旧本析而圣人之意亡矣。是故不务于诚意而徒以格物者，谓之支；不事于格物而徒以诚意者，谓之虚；不本于致知而徒以格物诚意者，谓之妄。支与虚与妄，其于至善也远矣。合之以敬而益缀，补之以传而益离，吾惧学之日远于至善也。去分章而复旧本，傍为之什，以引其义，庶几复见圣人之心。而求之者有其要。噫！乃若致知，则存乎心。悟致知焉，尽矣。

【译文】

《大学》的要旨，就是要使心志真诚罢了，使心志真诚的目的，就是穷究事物的原理罢了。心志真诚到最高境界，就是道德修为处于最完美的境界罢了。道德修为处于最完美的境界就是对万事万物做到认识而已。以端正的心态来驾驭情感，以保持中正平和的心态，集中精神修养品性，是为了让心恢复到本体状态。修养身心，就是丰富完善自身的人格，做到做事情不逾越事理。这个道理对自己来说，就是践行和彰显美德；对众人来说，就能去恶从善；对于天地间来说，就是天地万物一体无所不包，无所不在。所谓人的道德修养所能达到的最高境界，就是良知。如果心被外物所染，这个不善，心之本体都是能感应到的。

意想要发用出来，必然伴随着事态化的物，而意所存在的地方，就是使得事物能够成为事物的缘由。达到致良知则动无不善，但是没有找准方向就去格，就无法做到致知。所以致知是诚意的根本，格物是致知的结果，格物是私欲去除了，而后知致意诚，这样就恢复了心之本体，就是止于至善了。

圣人担心人们从外在的事物上寻求道，于是重复再三地告诉大家自己的学说。而圣人的本意就随着旧本著作的条分缕析不可得知。所以不致力使意念发于精诚，而仅仅去格物，对大学之道来说是过于片面；不致力格物，而仅仅去做使意念发于精诚，对大学之道来说是只能说是失去方向；而仅仅去做格物和使意念发于精诚对大学之道来说是华而不实。存在以上三个方面的问题，就和最崇高的善还存在很远的距离。谨慎的不违背原意就会有多余的赘述，补充解说经义的文字就会偏离本意，我担心学习它会离达到至善的境界越来越远。去掉增加的条目恢复旧本原来的样子，另外增加篇章，用来印证它的意思，这样才可以重见圣人的本心。而那些寻求学文的才可以得到圣人的思想要义。噫！至于致知，就把圣人的教导铭记在心，去深刻理解致知的道理，那么一切问题都迎刃而解了。

重修山阴县学记（乙酉）

【原文】

山阴之学，岁久弥敝。教谕汪君瀚辈以谋于县尹顾君铎而一新之，请所以诏士之言于予。时予方在疚，辞，未有以告也。已而顾君入为秋官郎，洛阳吴君瀛来代，复增其所未备而申前之请。

昔予官留都，因京兆之请，记其学而尝有说焉。其大意以为朝廷之所以养士者不专于举业，而实望之以圣贤之学。今殿庑堂舍，拓而辑之；饩廪条教，具而察之者，是有司之修学也。求天下之广居安宅者而修诸其身焉，此为师、为弟子者之修学也。其时闻者皆惕然有省，然于凡所以为学之说，则犹未之及详。今请为吾越之士一言之。

夫圣人之学，心学也。学以求尽其心而已。尧、舜、禹之相授受曰："人心惟危，道心惟微，惟精惟一，允执厥中。"

道心者，率性之谓，而未杂于人。无声无臭，至微而显，诚之源也。人心，则杂于人而危矣，伪之端矣。见孺子之入井而恻隐，率性之道也；从而内交于其父母焉，要誉于乡党焉，则人心矣。饥而食，渴而饮，率性之道也；从而极滋味之美焉，恣口腹之饕焉，则人心矣。惟一者，一于道心也。惟精者，虑道心之不一，而或二之以人心也。道无不中，一于道心而不息，是谓"允执厥中"矣。一于道心，则存之无不中，而发之无不和。是故率是道心而发之于父子也无不亲；发之于君臣也无不义；发之于夫妇、长幼、朋友也无不别、无不序、无不信；是谓中节之和，天下之达道也。放四海而皆准，亘古今而不穷；天下之人同此心，同此性，同此达道也。

舜使契为司徒而教以人伦，教之以此达道也。当是之时，人皆君子而比屋可封，盖教者惟以是为教，而学者惟以是为学也。

圣人既没，心学晦而人伪行，功利、训诂、记诵辞章之徒纷沓而起，支离决裂，岁盛月新，相沿相袭，各是其非，人心日炽而不复知有道心之微。间有觉其纰缪而略知反本求源者，则又哄然指为禅学而群訾之。呜呼！心学何由而复明乎！

夫禅之学与圣人之学，皆求尽其心也，亦相去毫厘耳。圣人之求尽其心也，以天地万物为一体也。吾之父子亲矣，而天下有未亲者焉，吾心未尽也；吾之君臣义矣，而天下有未义者焉，吾心未尽也；吾之夫妇别矣，长幼序矣，朋友信矣，而天下有未别、未序、未信者焉，吾心未尽也；吾之一家饱暖逸乐矣，而天下有未饱暖逸乐者焉，其能以亲乎？义乎？别、序、信乎？吾心未尽也。

故于是有纪纲政事之设焉，有礼乐教化之施焉，凡以裁成辅相、成己成物，而求尽吾心焉耳。心尽而家以齐，国以治，天下以平。故圣人之学不出乎尽心。禅之学非不以心为说，然其意以为是达道也者，固吾之心也，吾惟不昧吾心于其中则亦已矣，而亦岂必屑屑于其外；其外有未当也，则亦岂必屑屑于其中。斯亦其所谓尽心者矣，而不知已陷于自私自利之偏。是以外人伦，遗事物，以之独善或能之，而要之不可以治家国天下。

盖圣人之学无人己，无内外，一天地万物以为心；而禅之学起于自私自利，而未免于内外之分；斯其所以为异也。

今之为心性之学者，而果外人伦，遗事物，则诚所谓禅矣，使其未尝外人伦，遗事物，而专以存心养性为事，则固圣门精一之学也，而可谓之禅乎哉！

世之学者，承沿其举业词章之习以荒秽戕伐其心，既与圣人尽心之学相背而驰，日骛日远，莫知其所抵极矣。有以心性之说而招之来归者，则顾骇以为禅，而反仇仇视之，不亦大可哀乎！夫不自知其为非而以非人者，是旧习之为蔽，而未可遽以为罪也。有知其非者矣，藐然视人之非而不以告人者，自私者也。既告之矣，既知之矣，而犹冥然不以自反者，自弃者也。

吾越多豪杰之士，其特然无所待而兴者，为不少矣，而亦容有蔽于旧习者乎？故吾因诸君之请而特为一言之。呜呼！吾岂特为吾越之士一言之而已乎？

【译文】

山阴县的学堂，由于年代久远而处处破旧。县学的教官汪瀚等人找县官顾铎商议修缮学堂的事情。所以请我写一篇告诫读书人的文章。当时我因久病不愈还在病中，于是推托此事，没有说明推托的原因。后来，顾铎调走任秋官郎，洛阳的吴瀛代替他担任县令，重新来做原来没有做完的事情，又来请我写一篇告诫读书人的文章。

过去我在京都任职的时候，因为京师的地方长官的请求，为了记载他做学问而写过一篇文章。基本的意思是说国家培养人才不仅仅是为了科举考试，而是真诚的希望学子把圣贤之学作为学习的目的。皇家的殿堂和房舍，扩建和装修，官员的薪俸情况和国家法规的健全，都需要调查和研究，这是官员们研究和学习的事情。设法让天下人安居乐业的同时让众人在品德方面得到提升，这是作为老师、作为学生需要研究和学习的事情。当时听到的人都有所觉悟，以为我讲述的做学问的目的言论是对的，但我讲述得却不够详细。现在请为我们读书人讲述。

所谓圣人之学，就是心学。为学就是要扩张和发挥与生俱来人皆有之，不虑而知，不学而能的本心和良知。上古时代，尧、舜、禹三位圣贤曾口口相授："人心变化莫测，道心难得其真。唯有精心体察，专心专注，才能坚持一条不偏不倚的正确路线。"

道心，就是人的本性，它从未沾染人世间的俗尘。无声无息，在精妙之处显现，是诚意的本源所在之处。人心，因为沾染人世间的俗尘就变得危险了，是人性虚伪产生的起点。看到小孩不小心掉入水井中儿产生同情之心，这就是人本性的表现；然而在家中托付给父母事情，从乡亲那里博取赞誉，就是人心的变化的表现。饿了就吃饭，渴了就喝水，这就是人本性的表现；然而追求美味，贪婪的放纵饮食，就是人心的变化的表现。

唯一，是纯净的天地自然之心。谨慎恭敬地做事，是担心道心不能做到纯净专一，有时因为人心而不专一不精诚。道是精诚中和的，纯净的天地自然之心生生不息，就是"允执厥中"。道心的纯净专一静止的时候都是精诚中和，表现出来的时候都是恰到好处。所以遵循道心在父子之间显现出来就没有感情不好的，在君臣之间显现出来就没有不合乎道义的，在夫妻之间、长幼之间、朋友之间显现出来，就没有不是有别、有序、有信的。所以合乎礼义法度，就是天下人要通晓的道。这个道理在华夏大地上到处都适用，从古到今都在延续，天下的人在合乎礼义法度上同心同性，也就一起通晓了道。

舜让契担任司徒向人们传授礼教，让人们通过践行礼教通晓道。在那个时候，人人都是君子，社会安定，民俗淳朴，老师传授的都是圣人之道，学生学习的也都是圣人之道。

圣人不在了，心学没落从而人与人之间变得尔虞我诈，追名逐利、解释古代文字字义、记诵词章的人纷纷出现，圣人之学残缺破裂，伪论出现，不断地发展和沿袭，言论各种各样，人心被迷惑而不再有道心的谨慎细微。其间也有察觉到其中的错误而略微知道追究事情发生的本源的人士，就被众人吵吵嚷嚷告知是禅学并加以诋毁。呜呼！心学怎能复兴呀！

佛学和心学都是为了追求尽其心，差别只有一点点。圣人之学想要达到的尽其心，是把天地间的万物和自己是融为一体。我的父子之间情深义重，而天下还有父子之间不亲的，我的心就未尽。我的君臣之间合乎道义，而天下还有君臣之间不合乎道义的，我的心就未尽。我的夫妇之间有别，长幼之间有序，朋友之间有信，而天下有未别、未序、未信的，我的心就未尽。我一家富裕安乐，而天下仍然有温饱无法保障，生活在困苦之中的，能说是亲吗？能说是义吗？能说是有别、有序、有信吗？我的心未尽。

所以设置管理行政事务的机构，有了实行用礼乐教化，两者互相配合，互相辅助，缺一不可，既让自身有所成就，也使自身以外的一切有所成就，从而达到尽我心的目标。尽心就可以治家、治国、安抚天下黎民百姓，使他们能够丰衣足食、安居乐业。所以圣人之学，讲求尽心。佛学不把尽其心作为自己的主旨，把彻悟道理作为自己的愿望，遵从于自己的内心，不泯灭良心就可以了，没有必要让心外之物让自己劳瘁，心外不正确的事物，必然让心中劳瘁。这就是佛学所说的尽心，却不知道自己已经陷入自私自利的错误之中。他们放弃应尽的责任，认为修养个人美好的品德能够成为佛就可以了，把这样的思想拿来，是不能做到治家、治国、安抚天下黎民百姓，使他们能够丰衣足食、安居乐业的。

圣人之学，没有私心，没有自身和外物之分，视人是天地之心，天地万物与人一体；而佛学以自私自利为基础，免不了存有私心。这是圣人之学和佛学的区别。

现在的心学，真的放弃应尽的责任，就的确和佛学所说的那样了；没有放弃应尽的责任，而是专心把保存赤子之心，修养善良之性为事，这才是圣人的弟子本来就有的致良知，怎么能说这是佛学呢！

现在做学问的人，继续沿袭为应科举考试而准备的学业的习惯荒废污染了纯净之心，和圣人尽其心的学问背道而驰，越来越远，不知道他什么时候能够到达终点。有人公开用心性的理论学说吸引人来学习，有些学习的人却害怕这是佛学，以仇恨的心理或目光看待，这非常悲哀！不认识自己的错误而诋毁他人，是长久积累的敝陋的习惯。不能把这些归到现在人的身上。知道了他人的错误，藐然地看待他人的错误而不去告诫，是自私。已经告诉他，他已经知道了自己的错误，愚昧无知而不去反省，是堕落。

越来越多才能出众的学子，有坚定的志向，摆脱了思想的束缚，崇尚学习圣人之学，这样的人已经很多了。也有容许被旧的习俗欺骗的人？所以我在众人的要求之下特意说这些话。鸣呼，我只是对读书人一言罢了。

大学问

【原文】

"《大学》者，昔儒以为大人之学矣。敢问大人之学何以在于明明德乎？"

阳明曰："大人者，以天地万物为一体者也。其视天下犹一家，中国犹一人焉。若夫间形骸而分尔我者，小人矣。大人之能以天地万物为一体也，非意之也，其心之仁本若是，其与天地万物而为一也，岂惟大人，虽小人之心亦莫不然，彼顾自小之耳。是故见孺子之入井，而必有怵惕恻隐之心焉，是其仁之与孺子而为一体也。孺子犹同类者也，见鸟兽之哀鸣觳觫，而必有不忍之心焉，是其仁之与鸟兽而为一体也。鸟兽犹有知觉者也，见草木之摧折而必有悯恤之心焉，是其仁之与草木而为一体也。草木犹有生意者也，见瓦石之毁坏而必有顾惜之心焉，是其仁之与瓦石而为一体也。是其一体之仁也，虽小人之心亦必有之。是乃根于天命之性，而自然灵昭不昧者也，是故谓之明德。小人之心既已分隔隘陋矣，而其一体之仁犹能不昧若此者，是其未动于欲，而未蔽于私之时也。及其动于欲，蔽于私，而利害相攻，忿怒相激，则将戕物圮类，无所不为其甚，其甚至有骨肉相残者，而一体之仁亡矣。是故苟无私欲之蔽，则虽小人之心，而其一体之仁犹大人也。一有私欲之蔽，则虽大人之心，而其分隔隘陋犹小人矣。故夫为大人之学者，亦惟去其私欲之蔽，以明其明德，复其天地万物一体之本然而已耳。非能于本体之外，而有所增益之也。”

曰：“然则何以在亲民乎？”

曰：“明明德者，立其天地万物一体之体也。亲民者，达其天地万物一体之用也。故明明德必在于亲民，而亲民乃所以明其明德也。是故亲吾之父，以及人之父，以及天下人之父，而后吾之仁实与吾之父人之父与天下人之父而为一体矣。实与之为一体，而后孝之明德始明矣！亲吾之兄，以及人之兄，以及天下人之兄，而后吾之仁实与吾之兄人之兄与天下人之兄而为一体矣。实与之为一体，而后悌之明德始明矣！君臣也，夫妇也，朋友也，以至于山川鬼神鸟兽草木也，莫不实有以亲之，以达吾一体之仁，然后吾之明德始无不明，而真能以天地万物为一体矣。夫是之谓明明德于天下，是之谓家齐国治而天下平，是之谓尽性。”

曰：“然则又乌在其为止至善乎？”

曰：“至善者，明德、亲民之极则也。天命之性，粹然至善，其灵昭不昧者，此其至善之发见，是乃明德之本体，而即所谓良知也。至善之发见，是而是焉，非而非焉，轻重厚薄，随感随应，变动不居，而亦莫不自有天然之中，是乃民彝物则之极，而不容少有议拟增损于其间也。少有拟议增损于其间，则是私意小智，而非至善之谓矣。自非慎独之至，惟精惟一者，其孰能与于此乎？后之人惟其不知至善之在吾心，而用其私智以揣摸测度于其外，以为事事物物各有定理也，是以昧其是非之则，支离决裂，人欲肆而天理亡，明德亲民之学遂大乱于天下。盖昔之人固有欲明其明德者矣，然惟不知止于至善，而骛其私心于过高，是以失之虚罔空寂，而无有乎家国天下之施，则二氏之流是矣。固有欲亲其民者矣，然惟不知止于至善，而溺其私心于卑琐，是以失之权谋智术，而无有乎仁爱恻怛之诚，则五伯功利之徒是矣。是皆不知止于至善之过也。故止至善之于明德、亲民也，犹之规矩之于方圆也，尺度之于长短也，权衡之于轻重也。故方圆而不止于规矩，爽其则矣。长短而不止于尺度，乖其剂矣。轻重而不止于权衡，失其准矣。明明德、亲民而不止于至善，亡其本矣。故止于至善以亲民，而明其明德，是之谓大人之学。”

曰："知止而后有定，定而后能静，静而后能安，安而后能虑，虑而后能得，其说何也？"

曰："人惟不知至善之在吾心，而求之于其外，以为事事物物皆有定理也，而求至善于事事物物之中，是以支离决裂，错杂纷纭，而莫知有一定之向。今焉既知至善之在吾心，而不假于外求，则志有定向，而无支离决裂、错杂纷纭之患矣。无支离决裂、错杂纷纭之患，则心不妄动而能静矣。心不妄动而能静，则其日用之间，从容闲暇而能安矣。能安，则凡一念之发，一事之感，其为至善乎？其非至善乎？吾心之良知自有以详审精察之，而能虑矣。能虑则择之无不精，处之无不当，而至善于是乎可得矣。"

曰："物有本末，先儒以明德为本，新民为末，两物而内外相对也。事有终始，先儒以知止为始，能得为终，一事而首尾相因也。如子之说，以新民为亲民，则本末之说亦有所未然欤？"

曰："终始之说，大略是矣。即以新民为亲民，而曰明德为本，亲民为末，其说亦未尝不可，但不当分本末为两物耳。夫木之干谓之本，木之梢谓之末。惟其一物也，是以谓之本末。若曰两物，则既为两物矣，又何可以言本末乎？新民之意，既与亲民不同，则明德之功，自与新民为二。若知明明德以亲其民，而亲民以明其明德，则明德亲民焉可析而为两乎？先儒之说，是盖不知明德亲民之本为一事，而认以为两事，是以虽知本末之当为一物，而亦不得不分为两物也。"

曰："古之欲明明德于天下者，以至于先修其身，以吾子明德亲民之说通之，亦既可得而知矣。敢问欲修其身，以至于致知在格物，其工夫次第又何如其用力欤？"

曰："此正详言明德、亲民、止至善之功也。盖身、心、意、知、物者，是其工夫所用之条理，虽亦各有其所，而其实只是一物。格、致、诚、正、修者，是其条理所用之工夫，虽亦皆有其名，而其实只是一事。何谓身？心之形体运用之谓也。何谓心？身之灵明主宰之谓也。何谓修身？为善而去恶之谓也。吾身自能为善而去恶乎？必其灵明主宰者欲为善而去恶，然后其形体运用者始能为善而去恶也。故欲修其身者，必在于先正其心也。然心之本体则性也，性无不善，则心之本体本无不正也。何从而用其正之之功乎？盖心之本体本无不正，自其意念发动，而后有不正。故欲正其心者，必就其意念之所发而正之，凡其发一念而善也，好之真如好好色，发一念而恶也，恶之真如恶恶臭，则意无不诚，而心可正矣。然意之所发，有善有恶，不有以明其善恶之分，亦将真妄错杂，虽欲诚之，不可得而诚矣。故欲诚其意者，必在于致知焉。致者，至也，如云丧致乎哀之致。易言知至至之，知至者，知也，至之者，致也。致知云者，非若后儒所谓充扩其知识之谓也，致吾心之良知焉耳。良知者，孟子所谓是非之心，人皆有之者也。是非之心，不待虑而知，不待学而能，是故谓之良知。是乃天命之性，吾心之本体，自然灵昭明觉者也。凡意念之发，吾心之良知无有不自知者。其善欤，惟吾心之良知自知之，其不善欤，亦惟吾心之良知自知之。是皆无所与于他人者也。故虽小人之为不善，既已无所不至，然其见君子，则必厌然掩其不善而著其善者，是亦可以见其良知之有不容于自昧者也。今欲别善恶以诚其意，惟在致其良知之所知焉尔。何则？意念之发，吾心之良知既知其为善矣，使其不能诚有以好之，而复背而去之，则是以善为恶，而自昧其知善之良知矣。意念之所发，吾之良知既知其为不善矣，使其不能诚有以恶之，而复蹈而为之，则是以恶为善，而自昧其知恶之良知矣。若是，则虽曰知之，犹不知也，意其可得而诚乎？今于良知之善恶者，无不诚好而诚恶之，则不自欺其良知而意可诚也已。然欲致其良知，亦岂影响恍惚而悬空无实之谓乎？是必实有其事矣。故致知必在于格物。物者，事也，凡意之所发必有其事，意所在之事谓之物。格者，正也，正其不正以归于正之谓也。正其不正者，去恶之谓也。归于正者，为善之谓也。夫是之谓格。书言格于上下、格于文祖、格其非心，格物之格实兼其义也。良知所知之善，虽诚欲好之矣，苟不即其意之所在之物而实有以为之，则是物有未格，而好之之意犹为未诚也。良知所知之恶，虽诚欲恶之矣，苟不即其意之所在之物而实有以去之，则是物有未格，而恶之之意犹为未诚也。今焉于其良知所知之善者，即其意之所在之物而实为之，无有乎不尽。于其良知所知之恶者，即其意之所在之物而实去之，无有乎不尽。然后物无不格，吾良知之所知者，无有亏缺障蔽，而得以极其至矣。夫然后吾心快然无复余憾而自谦矣，夫然后意之所发者，始无自欺而可以谓之诚矣。故曰，物格而后知至，知至而后意诚，意诚而后心正，心正而后身修。盖其工夫条理虽有先后次序之可言，而其体之惟一，实无先后次序之可分。其条理工夫虽无先后次序之可分，而其用之惟精，固有纤毫不可得而缺焉者。此格致诚正之说，所以阐尧舜之正传，而为孔氏之心印也。"

【译文】

有人向先生请教说："《大学》一书，过去的儒家学者认为是有关大人的学问。我冒昧地向您请教，大人学问的重点为什么在于明明德呢？"

先生回答说："所谓的大人，指的是把天地万物看成一个整体的那类人。他们把普天之下的人看成是一家人，把全体中国人看作一个人。如果有人按照形体来区分你和我，这类人就是所谓的小人。大人能够把天地万物当作一个整体，并不是他们有意去那么做，而是他们心中的仁德本来就是这样，这种仁德跟天地万物是一个整体。岂是大人才会如此呢？就是小人的心也没有不是这样的，只是他们把自己看作小人罢了。所以当他看到一个小孩要掉进井里时，必会自然而然地升起害怕和同情之心，这就是说他的仁德跟孩子是一体的。孩子还是属于自己的同类，而当他看到飞禽和走兽发出悲哀的鸣叫或因恐惧而颤抖时，必会产生不忍心听闻或观看，这就是说他的仁德跟飞禽和走兽是一体的。飞禽和走兽还是有灵性的动物，而当他看到花草和树木被践踏和折断时，必然会产生怜悯体恤的心情，这就是说他的仁德跟花草树木是一体的。花草树木还是有生机的植物，而当他看到砖瓦石板被摔坏或砸碎时，必然会产生惋惜的心情，这就是说他的仁德跟砖瓦石板也是一体的。这就是万物一体的那种仁德，即使在小人的心中，这种性德也是必然存在的。这种仁德源于生来就有的天命属性，它是自然光明完美的，所以被称作明德。小人的心已经被分隔而变得狭隘卑陋了，然而他那万物一体的仁德还能像这样正常显露而不是黯然失色，这是因为他的心处于没有被欲望所驱使、没有被私利所蒙蔽的时候。待到他的心被欲望所驱使、被私利所蒙蔽、利害产生了冲突、愤怒溢于言表时，他就会损物害人、无所不用其极，甚至自己的亲人之间也互相残害，在这种时候，他那内心本具的万物一体仁德就彻底消亡了。所以说在没有私欲障蔽的时候，虽然是小人的心，它那万物一体的仁德跟大人也是一样的，一旦有了私欲的障蔽，虽然是大人的心，也会像小人之心那样被分隔而变得狭隘卑陋。所以说致力于大人学养的人，也只是做去除私欲的障蔽、彰显光明的德性、恢复那天地万物一体的本然仁德工夫而已。并不是能够在本体的外面去增加或减少什么内容。"

又问："明明德确实很重要，可是为什么又强调亲民呢？"

先生回答说："明明德，是要倡立天地万物一体的本体。亲民，是天地万物一体原则的自然运用。所以明明德必然体现在亲爱民众上，而亲民才能彰显出光明的德性。所以爱我父亲的同时，也兼爱及他人的父亲，以及天下所有人的父亲，做到这一点后，我心中的仁德才能真实地同我父亲、他父亲以及天下所有人的父亲成为一体。真实地成为一体后，孝敬父母（孝）的光明德性才开始彰显出来。爱我的兄弟，也爱别人的兄弟，以及天下所有人的兄弟，做到这一点后，我心中的仁德才能真实地同我兄弟他兄弟以及天下所有人的兄弟成为一体。真实地成为一体后，尊兄爱弟（悌）的光明德性才开始彰显出来。对于君臣、夫妇、朋友，以至于山川鬼神、鸟兽草木也是一样，没有不去真实地爱他们的，以此来达到我的万物一体的仁德，然后我的光明德性就没有不显明的了，这样才真正与天地万物合为一体。这就是《大学》所说的使光明的德性在普天之下彰显出来，也就是《大学》进一步所说的家庭和睦、国家安定和天下太平，也就是《中庸》所说的充分发挥人类和万物的本性。"

问："既然如此，做到止于至善怎么又那么重要呢？"

答："所谓至善，是明德、亲民的终极原则。天命的性质是精纯的至善，它那灵明而不暗昧的特质，就是至善的显现，就是明德的本体，也就是我们所说的良知。至善的显现，表现在肯定对的、否定错的，轻的重的厚的薄的，都能根据当时的感觉而展现出来，它富于变化却没有固定的形式，然而也没有不自然地处于浑然天成的中道之事物，所以它是人的规矩与物的法度的最高形式，其中不容许有些微的设计筹划、增益减损存在。其中若稍微有一点设计筹划、增益减损，那只是出于私心的意念和薄弱的智慧，而并不是所说真正意义上的至善。很自然如果不是将慎独（自己独处时也非常谨慎，时刻检点自己的言行）做到精益求精、一以贯之程度的人，那么什么人能达到如此地步呢？后来的人因为不知道达到至善的关键在于我们自己的心，而是用自己掺杂私欲的智慧从外面去揣摩测度，以为天下的事事物物各有它自己的定理，因此掩盖了评判是非的标准，使心为统帅的简单道理变得支离破碎、四分五裂，人们的私欲泛滥而公正的天理灭亡，明德亲民的学养由此在世界上变得无比混乱。在古代就有想使明德昭明于天下的人，然而因为他们不知道止于至善，所以使得自己夹杂私欲的心过于膨胀、拔高，所以最后流于虚妄空寂，而对齐家、治国、平天下的真实内容无所帮助，佛家和道家两种流派就是这样的。古来就有希望亲民的人，然而由于他们不知道止于至善，而使自己的私心陷于卑微的琐事中，因此将精力消耗在玩弄权谋智术上，从而没有了真诚的仁爱恻隐之心，春秋五伯这些功利之徒就是这样的。这都是由于不知道止于至善的过失啊。所以止于至善对于明德和亲民来说，就像规矩画方圆一样，就像尺度量长短一样，就像权衡称轻重一样。所以说方圆如果不止于规矩，就失去了准则。如果长短不止于尺度，丈量就会出错，如果轻重不止于权衡，重量就不准确。而明明德、亲民不止于至善，其基础就不复存在。所以用止于至善来亲民，并使其明德更加光明，这就是所说的大人的学养。"

问："知道要止于至善的道理，然后自己的志向才得以确定；志向确定，然后身心才能安静；身心安静，然后才能安于目前的处境；；安于目前的处境，然后才能虑事精详；虑事精详，然后才能得到至善的境界。这种说法指的又是什么呢？"

答："人们只是不知道至善就在我的心中，因而从外面的事物上去寻求；以为事事物物都有自己的定理，从而在事事物物中去寻求至善，所以使得求取至善的方式、方法变得支离决裂、错杂纷纭，而不知道求取至善有一个确定的方向。如今既然知道至善就在我的心中，而不用向外面去寻求，这样意志就有了确定的方向，从而就没有支离决裂、错杂纷纭的弊病了。没有支离决裂错杂纷纭的困扰，那么心就不会妄动而能处于安静。心不妄动而能安静，那么在日常生活中，就能从容不迫、闲暇安适从而安于目前的处境。能够安于目前的处境，那么只要有一个念头产生，只要有对某事的感受出现，它是属于至善的呢？还是不是至善呢？我心中的良知自然会以详细审视的本能对它进行精细的观察，因而能够达到虑事精详。能够虑事精详，那么他的分辨就没有不精确的，他的处事就没有不恰当的，从而至善就能够得到了。"

问："物体有根本和末梢，以前的儒家学者把显明德性当作根本，把使人民涤除污垢永作新人当作末梢，这两者是从内心修养和外部用功的相互对应的两个部分。事情有开始和结束，以前的儒家学者把知道止于至善作为开始，把行为达到至善作为结束，这也是一件事情的首尾相顾、因果相承。像您这种把新民作为亲民的说法，是否跟儒家学者有关本末终始的说法有些不一致呢？"

答："有关事情开始与结束的说法，大致上是这样的。就是把新民作为亲民，而说显明德性为本，亲爱人民为末，这种说法也不是不可以。但是不应当将本末分成两种事物。树的根干称为本，树的枝梢称为末，它们只是一个物体，因此才称为本与末。如果说是两种物体，那么既然是截然分开的两种物体，又怎么能说是相互关联的本和末呢？使人民自新的意思既然与亲爱人民不同，那么显明德性的工夫自然与使人民自新为两件事了。如果明白彰显光明的德性是为了亲爱人民，而亲爱人民才能彰显光明的德性，那么彰显德性和亲爱人民怎么能截然分开为两件事呢？以前儒家学者的说法，是因为不明白明德与亲民本来是一件事，反而认为是两件事，因此虽然知道根本和末梢应当是一体的，却也不得不把它们区分为两种事物了。"

问："从古代想使天下人都能发扬自己本具的光明德性的人，直到首先要修正本身的行为，按照先生您明德亲民的说法去贯通，也能得到正确、圆满的理解。现在我再斗胆请教您，从要想修正本身的行为，直到增进自己的知识，在于能够析物穷理，在这些修为的用功次第上又该如何具体地下工夫呢？"

答："此处正是在详细说明明德、亲民、止于至善的工夫。人们所说的身体、心灵、意念、知觉、事物，就是修身用功的条理之所在，虽然它们各有自己的内涵，而实际上说的只是一种东西。而格物、致知、诚意、正心、修身，就是在现实中运用条理的工夫，虽然它们各有自己的名称，而实际上说的只是一件事情。什么叫作身心的形体呢？这是指身心起作用的功能而说的。什么叫作身心的灵明呢？这是指身心能做主宰的作用而说的。什么叫作修身呢？这里指的是要为善去恶的行为。我们的身体能自动地去为善去恶吗？必然是起主宰作用的灵明想为善去恶，然后起具体作用的形体才能够为善去恶。所以希望修身的人，必须首先要摆正他的心。然而心的本体就是性，性天生来都是善的，因此心的本体本来没有不正的。那怎么用得着去做正心的工夫呢？因为心的本体本来没有不正的，但是自从有意念产生之后，心中才有了不正的成分，所以凡是希望正心的人，必须在意念产生时去加以校正，若是产生一个善念，就像喜爱美色那样去真正喜欢它，若是产生一个恶念，就像厌恶极臭的东西那样去真正讨厌它，这样意念就没有不诚正的，而心也就可以得正了。然而意念一经发动、产生，有的是善的，有的是恶的，若不及时明白区分它的善恶，就会将真假对错混淆起来，这样的话，虽然想使意念变得真实无妄，实际上也是不可能使它变为真实无妄的。所以想使意念变得纯正的人，必须在致知上下工夫。致就是达到的意思，就像常说的丧致乎哀的致字，《易经》中说到知至至之，知至就是知道了，至之就是要达到。所谓的致知，并不是后来的儒家学者所说的扩充知识的意思，而是指的达到我心本具的良知。这种良知，就是孟子说的是非之心，人皆有之的那种知性。这种知是知非的知性，不需要思考，它就知道，不需要学习，它就能做到，因此我们称它为良知。这是天命赋予的属性，这是我们心灵的本体，它就是自自然然灵昭明觉的那个主体。凡是有意念产生的时候，我们心中的良知就没有不知道的。它是善念呢，唯有我们心中的良知自然知道，它是不善念呢，也唯有我们心中的良知自然知道。这是谁也无法给予他人的那种性体。所以说，虽然小人造作不善的行为，甚至达到无恶不作的地步，但当他见到君子时，也会不自在地掩盖自己的恶行，并极力地表白自己做的善事，由此可以看到，就是小人的良知也具有不容许他埋没的特质。今日若想辨别善恶以使意念变得真诚无妄，其关键唯在于按照良知的判断去行事而已。为什么呢？因为当一个善念产生时，人们心中的良知就知道它是善的，如果此时不能真心诚意地去喜欢它，甚至反而背道而驰地去远离它，那么这就是把善当作恶，从而故意隐藏自己知善的良知了。而当一个恶念产生时，人们心中的良知就知道它是不善的，如果此时不能真心诚意地去讨厌它，甚或反而把它落实到实际行动上，那么这就是把恶当作善，从而故意隐藏自己知恶的良知了。像这样的话，那虽然说心里知道，但实际上跟不知道是一样的，那还怎么能够使意念变得真实无妄呢？现在对于良知所知的善意，没有不真诚地去喜欢的，对于良知所知的恶意，没有不真诚地去讨厌的，这样由于不欺骗自己的良知，那么他的意念就可以变得真实无妄了。然而要想正确运用自己的良知，这怎能是影响恍惚而空洞无物的说辞呢？必然是有其实在内容的。所以说要想致知的话，必然要在格物上下工夫。物就是事的意思，凡有意念产生时，必然有一件事情，意念所系缚的事情称作物。格就是正的意思，指的是把不正的校正过来使它变成正的这个意思。校正不正的，就是说要去除恶的意念和言行。变成正的，就是说要发善意、讲善言、做善行。这才是格字的内涵。《尚书》中有格于上下、格于文祖、格其非心的说法，格物的格字实际上兼有它们的意思。良知所知道的善，虽然人们真诚地想去喜欢它，但若不在善的意念所在的事情上去实实在在地践履善的价值，那么具体的事情就有未被完全校正的地方，从而可以说那喜欢善的愿望还有不诚恳的成分。良知所知道的恶，虽然人们真诚地想去讨厌它，但若不在恶的意念所在的事情上实实在在地去铲除恶的表现，那么具体的事情就有未被完全校正的地方，从而可以说那讨厌恶的愿望还有不诚恳的成分。如今在良知所知道的善事上，也就是善意所在的事情上实实在在地去为善，使善的言行没有不尽善尽美的。在良知所知道的恶事上，也就是恶意所在的事情上实实在在地去除恶，使恶的言行没有不被去除干净的。在这之后具体的事情就没有不被校正的成分存在，我的良知所知道的内容就没有亏缺、覆盖的地方，从而它就得以达到纯洁至善的极点了。此后，我们的心才会愉快坦然，再也没有其他的遗憾，从而真正做到为人谦虚。然后心中产生的意念才没有自欺的成分，才可以说我们的意念真正诚实无妄了。所以《大学》中说道：'系于事上的心念端正后，知识自然就能丰富。知识得以丰富，意念也就变得真诚。意念能够真诚，心情就会保持平正。心情能够平正，本身的行为就会合乎规范。'虽然修身的工夫和条理有先后次序之分，然而其心行的本体却是始终如一的，确实没有先后次序的分别。虽然正心的工夫和条理没有先后次序之分，但在生活中保持心念的精诚纯一，在这一点上是不能有一丝一毫欠缺的。由此可见，格物、致知、诚意、正心这一学说，阐述了尧舜传承的真正精神，也是孔子学说的心印之所在。"

训蒙大意示教读注

【原文】

古之教者，教以人伦。后世记诵词章之习起，而先王之教亡。今教童子，惟当以孝弟忠信礼义廉耻为专务。其栽培涵养之方，则宜诱之歌诗以发其志意，导之习礼以肃其威仪，讽之读书以开其知觉。今人往往以歌诗、习礼为不切时务，此皆末俗庸鄙之见，乌足以知古人立教之意哉！

大抵童子之情，乐嬉游而惮拘检，如草木之始萌芽，舒畅之则条达，摧挠之则衰萎。今教童子，必使其趋向鼓舞，中心喜悦，则其进自不能已。譬之时雨春风，沾被卉木，莫不萌动发越，自然日长月化；若冰霜剥落，则生意萧索，日就枯槁矣。故凡诱之歌诗者，非但发其志意而已，亦所以泄其跳号呼啸于咏歌，宣其幽抑结滞于音节也。导之习礼者，非但肃其威仪而已，亦所以周旋揖让而动荡其血脉，拜起屈伸而固束其筋骸也。讽之读书者，非但开其知觉而已，亦所以沉潜反复而存其心，抑扬讽诵以宣其志也。凡此皆所以顺导其志意，调理其性情，潜消其鄙吝，默化其粗顽，日使之渐于礼义而不苦其难，入于中和而不知其故。是盖先王立教之微意也。

若近世之训蒙稚者，日惟督以句读课仿，责其检束而不知导之以礼，求其聪明而不知养之以善，鞭挞绳缚，若待拘囚。彼视学舍如囹狱而不肯入，视师长如寇仇而不欲见，窥避掩覆以遂其嬉游，设诈饰诡以肆其顽鄙。偷薄庸劣，日趋下流。是盖驱之于恶而求其为善也，何可得乎？

凡吾所以教，其意实在于此。恐时俗不察，视以为迂，且吾亦将去，故特叮咛以告。尔诸教读，其务体吾意，永以为训，毋辄因时俗之言，改废其绳墨，庶成"蒙以养正"之功矣。念之念之！

【译文】

古代的教育，是以人伦道德为内容教学生。后来兴起了记诵词章的风气，先王的教育之义就消失了。现在教育儿童，只应把孝悌忠信礼义廉耻作为专门的功课。培养的具体方法，则应当引导他们吟唱诗歌来激发他们的志趣；引导他们学习礼仪，以严肃他们的仪容；劝导他们读书，以开启他们的智慧。现在，人们常常认为吟唱诗歌、学习礼仪不合时宜，这都是庸俗鄙薄的见识，他们这些人怎么知道古人立教的本意呢！

一般说来，儿童的性情是喜欢嬉戏玩耍而害怕约束，就像草木刚开始发芽时，如果让它舒展畅快地生长，就能迅速发育繁茂，如果摧残它就会很快枯萎。现在教育孩子，一定要使他们顺着自己的兴趣，多加鼓励，使他们内心喜悦，那么他们自然就能不断进步。有如春天的和风细雨，滋润了花草树木，花木没有不萌芽发育的，自然能一天天地茁壮生长。如果遇到冰霜的侵袭，那么它们就会萧条破败，一天天地枯萎。所以凡是通过吟唱诗歌来引导孩子们，不只是为了激发他们的志趣，也用来在吟唱诗歌中消耗他们蹦跳呼喊的精力，在音律中宣泄他们心中的郁结和不快。引导他们学习礼仪，不仅是为了严肃他们的仪容，也是借此让他们在揖让叩拜中活动血脉，在起跪屈伸中强健筋骨。教导他们读书，不仅是为了开启他们的智慧，也是借此使他们在反复思索中存养他们的本心，在抑扬顿挫的朗诵中弘扬他们的志向。所有这些都是用来顺应他们的天性，引导他们的志向，调理他们的性情，潜消默化他们的粗俗愚顽的秉性，这样使他们逐渐接近礼而不感到艰难，性情在不知不觉中达到了中正平和。这才是先王立教的深意。

至于现在的人教育儿童，每天只是用标点断句、课业练习督促他们，要求他们严格约束自己，却不知道用礼仪来引导他们，只知道要求他们聪明，却不知道培养他们的善良之心，只知道鞭挞束缚他们，像对待囚犯一样。于是，他们把学校看作是监狱而不愿去，把老师看作是强盗和仇人而不愿见，伺机逃避、掩饰遮盖来达到他们嬉戏玩耍的目的，作假撒谎来放纵他们的顽劣鄙陋本性。于是，他们得过且过，庸俗鄙陋，日益堕落。这是驱使他们作恶却又要求他们向善，这怎么可能呢？

　　我的教育理念，本意就在这里。我恐怕世人不能体察，认为我很迂腐，况且我就要离开了，所以特别加以叮咛嘱咐。你们这些教师，一定要体察我的用意，永远遵守，不要因为世俗言论就更改废弃我的规矩，也许可以成就"蒙以养正"的功效吧！切记切记！

观德亭记

君子之于射也，内志正，外体直，持弓矢审固，而后可以言中。故古者射以观德。德也者，得之于其心也。

君子之学，求以得之于其心，故君子之于射，以存其心也。是故懅于其心者其动妄，荡于其心者其视浮，歉于其心者其气馁，忽于其心者其貌惰，傲于其心者其色矜。五者，心之不存也。不存也者，不学也。

君子之学于射，以存其心也。是故心端则体正，心敬则容肃，心平则气舒，心专则视审，心通故时而理，心纯故让而恪，心宏故胜而不张、负而不驰。七者备而君子之德成。君子无所不用其学也，于射见之矣。

故曰："为人君者，以为君鹄；为人臣者，以为臣鹄；为人父者，以为父鹄；为人子者，以为子鹄。"射也者，射己之鹄也，鹄也者，心也。各射己之心也，各得其心而已。故曰：可以观德矣。作《观德亭记》。

【译文】

君子之所以练习射箭，必定内心端正，身体正直，手持弓箭仔细坚定，而后方可射中靶子。因此古代根据射箭来考察一个人的品德。品德具优的人，其德行是内心由内到外的体现。

君子治学，是寻求心灵收获的学习。所以君子讲求射箭时，是心存修炼内心的历程。这是由于内心躁动不安的人，他的动作必定是随意的。内心摇摆不定的人，他的视线必定是飘浮的；内心惭愧的人，他的气息必定是微弱的；粗枝大叶的人，他的相貌必定是疏懒的；内心骄傲的人，他的神色必定是高傲自大的；这五种情形，就是看上去本心造成的。之所以失去本心，是因为没有学习。

君子学习射箭，就是要保留本心。这是因为：内心端正，身体就会正直；内心恭敬，神情就会严肃；内心平静，呼吸就会舒畅；内心专注，视力就会清晰；内心通透，所以能把握时机而做出处理；内心单纯，所以能谦让并严格遵守规矩；内心宽广，所以成功是不会张扬，失败时不会松懈；这七者都具备了，那么君子的品德也就形成了。君子没有什么地方不运用他的学养，在射这方面有充分表现。

所以说，作为君王，就要以君王的标准为目标；作为臣民，就要以臣子的标准为目标；作为长辈，就要以长辈的标准为目标；作为子女，就要以子女的标准为目标。射箭的人，就是要射中自己的目标；有目标的人，就是知自己的本心；每个练习射箭的人都要为七备之心而努力训练自己本心，每个练习射箭的人都会知道自己七备之心的收获。所以说，射箭可以看出一个人的品德。谨此写下这篇《观德亭记》。

亲民堂记（节选）

【原文】

天命之性，粹然至善。其灵昭不昧者，皆其至善之发见，是皆明德之本体，而所谓良知者也。至善之发见，是而是焉，非而非焉，固吾心天然自有之则，而不容有所拟议加损于其间也。有所拟议加损于其间，则是私意小智，而非至善之谓矣。人惟不知至善之在吾心，而用其私智以求之于外，是以昧其是非之则，至于横骛决裂，人欲肆而天理亡，明德亲民之学大乱于天下。故止至善之于明德亲民也，犹之规矩之于方圆也，尺度之于长短也，权衡之于轻重也。方圆而不止于规矩，爽其度矣；长短而不止于尺度，乖其制矣；轻重而不止于权衡，失其准矣；明德亲民而不止于至善，亡其则矣。夫是之谓大人之学。大人者，以天地万物为一体也。夫然后能以天地万物为一体。

【译文】

人的天性，是纯正而且最崇高的善。它明亮完美，都是最崇高的善的显现，都是光明之德的根本实体，也就是所说的良知。最崇高的善的显现，表现在合理就是合理的，错误的就是错误的，辨别是非对错都是天然的心体生来就有的能力，不容许事先考虑影响辨别增减存在其间。事先考虑影响辨别增减存在期间，就是存有私心的小聪明，而不是所说的最崇高的善。人们就是不知道最崇高的善就在自己的心中，而是用偏私的识见从外部求取，所以不明白权衡是非的标准，至于很多人蛮横无理的争着去破坏，放纵人的俗望嗜好而不去遵循天理，弘扬光明之德使人弃旧图新、去恶从善的圣人之学支离破碎失去原来的本意。所以达到最崇高的善和弘扬光明之德使人弃旧图新、去恶从善的圣人之学，就像规矩和方圆之间的关系，尺寸尺码和长短之间的关系，秤砣秤杆和轻重之间的关系。方圆脱离规矩的约束，就会差失它的标准；长短脱离尺寸尺码，就会标准错乱；轻重脱离秤砣秤杆，就失去了对重量依据作用；弘扬光明之德使人弃旧图新、去恶从善的圣人之学脱离了至善，就会失去它原则。这就是所谓的大人之学。所谓的大人，指的是把天地万物看成一个整体的那类人。然后才能做到和天地万物融为一体。

修道说（戊寅）

率性之谓道，诚者也；修道之谓教，诚之者也。故曰："自诚明，谓之性。自明诚，谓之教。"《中庸》为诚之者而作，修道之事也。道也者，性也，不可须臾离也。而过焉、不及焉，离也。是故君子有修道之功，戒慎乎其所不睹，恐惧乎其所不闻，微之显，诚之不可掩也。修道之功若是其无间，诚之也。夫然后喜怒哀乐之未发谓之中，发而皆中节谓之和，道修而性复矣。致中和，则大本立而达道行，知天地之化育矣。非至诚尽性，其孰能与于此哉！是修道之极功也。而世之言修道者离矣，故特著其说。

【译文】

依循人善良的自然本性去做事叫作道，这就是良知；修道的方法就是教化，这也是良知。自然本性存在的至诚之心和完美的德性，称之为天性；通过后天的学习做到通达事理，从而达到至诚之心和完美的德性，称之为教化。《中庸》是为追求至诚之心的人而作，论述的是如何通过后天的学习通达事理，从而达到至诚之心和完美的德性。道即是天性，片刻也不能离开。增加一分和减少一分，都是偏离道的本性。所以君子通过修道，就会做到在别人看不到的地方戒惧谨慎，在别人听不到的地方有敬畏的存心。细微之事物更容易显现曲直对错。诚存在于细微之处，是无法掩盖它的存在的。如果不间断的修道，就会做到至诚。然后做到当喜怒哀乐的情感还没有发动的时候，心是寂然不动，以没有太过与不及的事情存在，这就是中。当七情六欲受外界影响而发散了出来，都能做到没有太过与不及，没有不合理而都能恰好中节，这就是和。通过修道恢复人原本就有的天性。达到了中和，天地之间的根本得到确立，从而达到感应天地的能力，知道天地间万事万物发展变化之道。不是做多天下最真诚和充分实现自己天性的人，谁又能做到这种程度呢？这是修道的最高境界。而当今讲述修道的理论，其思想偏离了修道的本质，所以特意写了这篇文章。

梁仲用默斋说（辛未）

【原文】

仲用识高而气豪，既举进士，锐然有志天下之务。一旦责其志曰："于呼！予乃太早。乌有己之弗治而能治人者！"于是专心为己之学，深思其气质之偏，而病其言之易也，以默名庵，过予而请其方。予亦天下之多言人也，岂足以知默之道！然予尝自验之，气浮则多言，志轻则多言。气浮者耀于外，志轻者放其中。予请诵古之训而仲用自取之。

夫默有四伪：疑而不知问，蔽而不知辩，冥然以自罔，谓之默之愚；以不言餂人者，谓之默之狡；虑人之觇其长短也，掩覆以为默，谓之默之诬；深为之情，厚为之貌，渊毒阱狠，自托于默以售其奸者，谓之默之贼。夫是之谓四伪。又有八诚焉。孔子曰："君子耻其言而过其行。古者言之不出，耻躬之不逮也。"故诚知耻，而后知默。又曰："君子欲讷于言而敏于行"，夫诚敏于行，而后欲默矣。仁者言也切，非以为默而默存焉。又曰："默而识之，是故必有所识也，终日不违如愚者也。默而成之，是故必有所成也，退而省其私，亦足以发者也。故善默者莫如颜子。暗然而日章，默之积也。不言而信，而默之道成矣。天何言哉？四时行焉，万物生焉。"而默之道至矣。非圣人其孰能与于此哉！夫是之谓八诚。仲用盍亦知所以自取之？

【译文】

梁仲用是一个学识高意气豪放的人，中了进士之后，更是锐意进取，有

227

志于天下大事。忽然有一天自责说："哎！我太年轻了。哪有不管好自己而能管别人的呢！"于是专心于提升自己的修养水平，深刻反思自己在个性上的偏颇，认为自己有说话轻率随便的毛病，所以用"默"来命名自己的书斋，拜访我来讨教改正毛病的办法。我也是天下多话的人，哪里知道沉默的方法！但我的亲身经验是，气浮的人话多，志轻的人话多。气浮的人喜欢外在的炫耀，志轻的人容易自满而放松自己。请允许我诵一些古训让仲用自己选用。

默有四伪：有疑问而不知要问，受蒙蔽而不知要论争是非，无知而糊涂，是默之愚；用不说话来诱取讨好别人，是默之狡；担心别人看出他的长短，用沉默来遮掩自己，是默之诬；表面宽厚内心狠毒，用沉默来推行他的奸诈，是默之贼。这就是所说的四伪。默还有八诚。孔子说："君子以说得多做得少为耻辱，古人不轻易乱说话，因为他们以自己做不到为耻。"所以要知耻，而后才能懂得沉默。孔子还说："君子说话要谨慎而行动要敏捷果敢。"所以要行动敏捷，而后就会言语谨慎。仁者言语迟缓，行动敏捷，这才是真正的沉默。孔子还说："默默地记住所学的知识。"所以必然要有所学习有所记取，而不是成天不知道提出反对意见和疑问，像个愚蠢的人。"默默地成事"，所以必定有所成就，考察其日常的言行，其作为也充分发挥了所学的知识与经验。因此最善沉默的莫过于颜回。"君子之道深藏不露却日益彰明"，这是沉默中的积累凝聚。"君子不用说什么就能得到别人的信任，获得崇高的声望"，那样沉默之道就已经成就了。"上天说过些什么呢？不过让四季周而复始地运转，任由百物蓬勃生长。"这已经达到沉默之道的极致了。只有圣人才能领略其中的奥妙！这就是所说的八诚。仲用何不也了解一下，用来采纳参考呢？

博约说（乙酉）

南元真之学于阳明子也，闻致知之说而恍若有见矣。既而疑于博约先后之训，复来请曰："致良知以格物，格物以致其良知也，则既闻教矣。敢问先博我以文，而后约我以礼也，则先儒之说，得无亦有所不同欤？"

阳明子曰：理，一而已矣；心，一而已矣。故圣人无二教，而学者无二学。博文以约礼，格物以致其良知，一也。故先后之说，后儒支缪之见也。夫礼也者，天理也。天命之性具于吾心，其浑然全体之中，而条理节目，森然毕具，是故谓之天理。天理之条理谓之礼。是礼也，其发见于外，则有五常百行，酬酢变化，语默动静，升降周旋，隆杀厚薄之属；宜之于言而成章，措之于为而成行，书之于册而成训；炳然蔚然，其条理节目之繁，至于不可穷诘，是皆所谓文也。是文也者，礼之见于外者也；礼也者，文之存于中者也。文，显而可见之礼也；礼，微而难见之文也。是所谓体用一源，而显微无间者也。是故君子之学也，于酬酢变化、语默动静之间而求尽其条理节目焉，非他也，求尽吾心之天理焉耳矣；于升降周旋、隆杀厚薄之间而求尽其条理节目焉，非他也，求尽吾心之天理焉耳矣。求尽其条理节目焉者，博文也；求尽吾心之天理焉者，约礼也。文散于事而万殊者也，故曰博；礼根于心而一本者也，故曰约。

博文而非约之以礼，则其文为虚文，而后世功利辞章之学矣；约礼而非博学于文，则其礼为虚礼，而佛、老空寂之学矣。是故约礼必在于博文，而博文乃所以约礼。二之而分先后焉者，是圣学之不明，而功利异端之说乱之也。

昔者颜子之始学于夫子也，盖亦未知道之无方体形像也，而以为有方体形像也；未知道之无穷尽止极也，而以为有穷尽止极也；是犹后儒之见事事物物皆有定理者也，是以求之仰钻瞻忽之间，而莫得其所谓。及闻夫子博约之训，既竭吾才以求之，然后知天下之事虽千变万化，而皆不出于此心之一理；然后知殊途而同归，百虑而一致，然后知斯道之本无方体形象，而不可以方体形象求之也；本无穷尽止极，而不可以穷尽止极求之也。

故曰："虽欲从之，末由也已。"盖颜子至是而始有真实之见矣。博文以约礼，格物以致其良知也，亦宁有二学乎哉？

【译文】

南元真到王阳明先生处求教学问，听了先生讲述致良知的学说仿佛得到了真知灼见。不久，感觉不能断定的博约的先后顺序，又来请教先生说：致良知就是格物，格物就是致良知，我已听过您的教诲。敢问先生，先儒们所说的是先博文后约礼，恐怕与您所说的不一样吧？

先生说：理，就是一；心，也是一。所以圣人教的是一，学者学也为了一。博文就是约礼，格物就是致良知，都是一样的。因此，博文约礼先后之说，那是后儒的谬误。人日常行事时所奉行的礼，就是天理。上天赋予人的性，即存在于我心，天命、性、心，浑然于一体。而事事物物各自的条例节目应心之感应而各有表达，这就是所谓的天理。条理顺应天理就是礼。这个礼，是通过人的行动发生出来的，无时无刻不存在于人们的日常生活中，比如，应酬、表达、行动、职位升降、尊卑高下等。礼用文字来凝练就是文章，用人身之能动表达就是行，记录于书卷就是训诫；而礼所在的事事物物，繁杂浩渺，以至于无穷处，这些所在之处都谓之文。这个文，是礼在人行动时的外在表达，礼则存在于文中。因此，从文中，真真切切可见礼，而从礼中则很难发现文。这就是所谓的体用同出一源，明显与细微没有任何分别。所以，君子在学习或活动（应酬，行动与否）时没有不完善其条理节目的，这不是其他的事情，这是求尽心中的天理而已，即良知。求尽天理节目，即博文，求尽心中的天理，即为约礼。文分散在不同的万事万物中，故称为博，礼根扎于本心，称为约。如果博文没有约礼，则文为虚文，不切实际，这就是后世追求功利词章所学。约礼却没有博文，则礼为虚礼，虚伪狡诈，这就是落入到了佛氏求虚、道家求神学说中。因此，约礼一定要博文，而博文也一定要约礼。二者没有先后之分，将两者分开来，那是圣人之学不明于世，追求功利和异端之说导致。

在过去，颜回开始跟随孔子求学时，大概也不知道事事物物都没有框框架架来限制，而却以为都有限制，不知道事事物物都是无穷无尽的，而以为有限。只是后儒们提出个事事物物都有定理后，这才听说了孔子的博约之训诫。于是，竭尽平生所学以求这训诫，然后知道天下万事万物虽然千变万化，但却都是出于自己的心，出于天理，即心即理，只是个一而已。然后知殊途同归，百虑一致的道理，然后知道这事事物物之本来就没有什么框框架架，也不可以从中去求天理。本来没有穷尽到极致，然而，也不能穷尽到极致中去探求它。所以说"虽然我想要追随上去，却没有前进的路径了"。所以说，至颜子开始有与客观事实相符合认知了。博文是约礼，格物就是致其良知，这难道还要区分为两种学问吗？

矫亭说（乙亥）

君子之行，顺乎理而已，无所事乎矫。然有气质之偏焉。偏于柔者矫之以刚，然或失则傲；偏于慈者矫之以毅，然或失则刻；偏于奢者矫之以俭，然或失则陋。凡矫而无节则过，过则复为偏。

故君子之论学也，不曰"矫"而曰"克"。克以胜其私，私胜而理复，无过不及矣。矫犹未免于意必也，意必亦私也。故克己则矫不必言，矫者未必能尽于克己之道也。

虽然，矫而当其可，亦克己之道矣。行其克己之实，而矫以名焉，何伤乎！古之君子也，其取名也廉；后之君子，实未至而名先之，故不曰"克"而曰"矫"，亦矫世之意也。

方君时举以"矫"名亭，请予为之说。

君子的品德行为，只要合乎礼制，就不需要做矫正。然而人的性格有刚柔缓急、有才能和没有才能的区别，这都是气体在人身体内发生的作用不同。在气质上偏于柔弱的用刚强之气来矫正，这样做稍微没有掌握住度就会变为傲；在气质上偏于优柔寡断的用刚毅之气来矫正，这样做稍微没有掌握住度就会变为苛刻；在气质上偏于放纵的用约束来矫正，这样做稍微没有掌握住度就会变为狭隘；所有的矫正没有节制就会导致过犹不及，过犹不及就

232

重新回到了偏。

　　所以君子论说学问，不说"矫正"而说"克除"。克除私欲对良知的蒙蔽，恢复内心之天理，做到恰到好处。矫正还没有去掉固执，固执也是私欲。所以克制私欲严以律己就是矫正就不必言说了，言说矫正的人不一定能做到克制私欲严以律己的要求。

　　虽然矫正的恰到好处，也是做到了克己之道。做克制私欲严以律己的事情，而用矫正来命名，这没有什么妨害！古代的君子，用品行端方来获得名声；现在的君子，事实上修养还没有达到大家认可的程度声誉却先有了，所以不说"克除"而说"矫正"。也就是纠正世俗的意思。

　　秋卿方君时为亭子起名为"矫"亭，请我为他写这篇文章。

谨斋说（乙亥）

【原文】

君子之学，心学也。心，性也；性，天也。圣人之心纯乎天理，故无事于学。下是，则心有不存而汨其性，丧其天矣，故必学以存其心。学以存其心者，何求哉？求诸其心而已矣。求诸其心何为哉？谨守其心而已矣。

博学也，审问也，慎思也，明辨也，笃行也，皆谨守其心之功也。谨守其心者，无声之中而常若闻焉，无形之中而常若睹焉。故倾耳而听之，惟恐其或缪也；注目而视之，惟恐其或逸也。是故至微而显，至隐而见，善恶之萌而纤毫莫遁，由其能谨也。

谨则存，存则明，明则其察之也精，其存之也一。昧焉而弗知，过焉而弗觉，弗之谨也已。故谨守其心，于其善之萌焉，若食之充饱也；若抱赤子而履春冰，惟恐其或陷也；若捧万金之璧临千仞之崖，惟恐其或坠也；其不善之萌焉，若鸩毒之投于羹也，若虎蛇横集而思所以避之也，若盗贼之侵陵而思所以胜之也。古之君子所以凝至道而成盛德，未有不由于斯者。虽尧、舜、文王之圣，然且兢兢业业，耐况于学者乎！后之言学者，舍心而外求，是以支离决裂，愈难而愈远，吾甚悲焉！

友侍御杨景瑞以"谨"名其斋，其知所以为学之要矣。景瑞尝游白沙陈先生之门，归而求之，自以为有见。又二十年而忽若有得，然后知其向之所见犹未也。一旦告病而归，将从事焉，必底于成而后出。君之笃志若此，其进于道也孰御乎！君遣其子思元从予学，亦将别予以归，因论君之所以名斋之义以告思元，而遂以为君赠。

【译文】

君子做的学问，其实就是心学。心学就是恢复人的自然本性的学问，人的自然本性就是天理。圣人的心纯净清明而不夹杂丝毫人欲，所以没有必要再学习；比圣人位置低下的人，因为不能存养自己心中的天理，所以天性被影响，失去了纯净清明的天性。必须通过学习来存养心性。通过学习来存养心性，是为了什么呢？为了求理于内心。求理于内心是为了什么呢？为了谨慎守护自己纯净清明的内心。

能够做到在学习上广泛涉猎，有针对性地提问请教，学会周全地思考，形成清晰的判断力，用学习得来的知识和思想指导实践，这都是谨慎守护自己纯净清明的内心的结果。谨慎守护自己纯净清明的内心的人，寂然无声之中却能听到万籁唱和的共鸣，无形之中却能见到光明的真迹。所以仔细去听，只怕听到的是错误的；全神贯注地观察，只怕它会隐遁。所以在精妙之处显现，在最隐蔽的地方出现，善恶之念刚刚萌发，哪怕一丝一毫都能察觉，这都是因为能谨慎守护自己纯净清明的内心。

谨慎守护就能存养心体，存养心体就能看清事物本质，看清事物本质知晓事情就会更细致透彻，它存养心体也会专一。犯糊涂自己却不知道，犯错误自己却没有察觉，是因为不知道谨慎守护的原因。谨慎守护自己纯净清明的内心，在他的善念萌发的时候，就像拿东西将它喂饱一样；就像抱着孩子在春天的冰上行走，怕他掉入水中一样；就像捧着价值连城的宝贝站在悬崖边上，怕它掉下去一样；在他的恶念萌发的时候，就像在饭菜中放进毒药，就像老虎和蛇纵横交集考虑如何逃避它一样，就像盗贼侵犯欺凌考虑如何战胜他一样。古代的君子能够掌握最精要的道理成就崇高的品德，都是因为谨慎守护自己纯净清明的内心。就连尧、舜、文王这些圣人都是兢兢业业，何况求学的人！

朋友杨景瑞为他的书房取名为"谨斋",他是知道做学问的根本要义的。景瑞曾经到杨白沙先生那里求学,回来以后,自己认为有了真知灼见。二十年后,忽然有了新的感悟,知道从前的认识还没有达到真知灼见的水平。一天,因病请求休息,要致力于做学问,将来一定能成功地超越现在。他的志向如此将定,还有什么能够阻挡他的呢!他让儿子杨思元跟从我学习,杨思元将要离开我回家,因为探讨你之所以用"谨斋"来命名自己的书房的意义,告诉了思元,就把它赠送给你。

《五经臆说》序（戊辰）

【原文】

得鱼而忘筌，醪尽而糟粕弃之。鱼醪之未得，而曰是筌与糟粕也，鱼与醪终不可得矣。《五经》，圣人之学具焉。然自其已闻者而言之，其于道也，亦筌与糟粕耳。窃尝怪夫世之儒者求鱼于筌，而谓糟粕之为醪也。夫谓糟粕之为醪，犹近也，糟粕之中而醪存。求鱼于筌，则筌与鱼远矣。

龙场居南夷万山中，书卷不可携，日坐石穴，默记旧所读书而录之。意有所得，辄为之训释。期有七月而《五经》之旨略遍，名之曰《臆说》。盖不必尽合于先贤，聊写其胸臆之见，而因以娱情养性焉耳。则吾之为是，固又忘鱼而钓，寄兴于曲蘖，而非诚旨于味者矣。呜呼！观吾之说而不得其心，以为是亦筌与糟粕也，从而求鱼与醪焉，则失之矣。

夫说凡四十六卷，《经》各十，而《礼》之说尚多缺，仅六卷云。

【译文】

捕到了鱼以后而忘掉了捕鱼用的工具。酒酿好了以后造酒剩下的渣滓就扔掉了。鱼没有捕到，酒没有酿好的时候，就说："这是捕鱼用的工具和造酒剩下的渣滓。"鱼和酒最终是得不到的。《五经》的内容，圣人之学已经全部都具有了。然而对于已经有名望的人来说，就像器与道一样，也像捕鱼用的工具和造酒剩下的渣滓。我曾经好奇现在尊崇儒学、通习儒家经书的人在捕鱼用的工具中找鱼而不是用捕鱼工具去水中捕鱼，而且把造酒剩下的渣滓当作美酒。把造酒剩下的渣滓当作美酒，还算有点道理，因为造酒剩下的渣滓中存在酒的成分；在捕鱼用的工具中找鱼而不是用捕鱼工具去水中捕鱼，这样捕鱼用的工具和鱼之间的关系就不是很紧密了。

龙场位于南方少数民族居住地的群山之中，无法把书卷带到这边来，我每天坐在石洞里，回忆过去读过的书然后把它们写下来，内心有所感悟，就对这些书的内容进行注解。大约用了7个月的时间把《五经》的主要内容粗略地进行了注解，给它起名叫《五经臆说》。未必和先世贤人理念一致，姑且阐述自己的想法，用来愉悦心情修养身心，涵养天性。我做这样的事情，本来就是不是为了鱼而去钓，寄寓情趣于酒曲上，本来的意义和目的不是在于它的味道。唉，看我写的东西，却无法理解我的本心，认为我说的就是捕鱼工具和造酒剩下的渣滓，在其中寻找鱼和酒的知识，就失去意义了。

我写的这些东西有四十六卷，《经》各有十卷，而在《礼》的阐述还不完整，只有六卷。

何陋轩记（戊辰）

【原文】

昔孔子欲居九夷，人以为陋。孔子曰："君子居之，何陋之有？"守仁以罪谪龙场。龙场，古夷蔡之外，于今为要绥，而习类尚因其故。人皆以予自上国往，将陋其地，弗能居也；而予处之旬月，安而乐之，求其所谓甚陋者而莫得。独其结题鸟言，山栖羝服，无轩裳宫室之观，文仪揖让之缛，然此犹淳庞质素之遗焉。盖古之时，法制未备，则有然矣，不得以为陋也。夫爱憎面背，乱白黝丹，浚奸穷黠，外良而中蜇，诸夏盖不免焉；若是而彬郁其容，宋甫鲁掖，折旋矩矱，将无为陋乎？夷之人乃不能此，其好言恶詈，直情率遂，则有矣。世徒以其言辞物采之眇而陋之，吾不谓然也。

始予至，无室以止，居于丛棘之间，则郁也；迁于东峰，就石穴而居之，又阴以湿。龙场之民，老稚日来视予，予喜不予陋，益予比。予尝圃于丛棘之右，民谓予之乐之也，相与伐木阁之材，就其地为轩以居予。予因而翳之以桧竹，莳之以卉药；列堂阶，辩室奥；琴编图史，讲诵游适之道略俱，学士之来游者，亦稍稍而集。于是人之及吾轩者，若观于通都焉，而予亦忘予之居夷也。因名之曰"何陋"，以信孔子之言。

嗟夫！诸夏之盛，其典章礼乐，历圣修而传之，夷不能有也，则谓之陋固宜；于后蔑道德而专法令，搜抉钩棘之术穷，而狡匿谲诈，无所不至，浑朴尽矣！夷之民，方若未琢之璞，未绳之木，虽粗砺顽梗，而椎斧尚有施也，安可以陋之？斯孔子所为欲居也欤？虽然，典章文物，则亦胡可以无讲？今夷之俗崇巫而事鬼渎礼而任情不中不节卒未免于陋之名则亦不讲于是耳。然此无损于其质也。诚有君子而居焉，其化之也盖易。而予非其人也，记之以俟来者。

【译文】

当初，孔子要住在偏远之地别人都认为那里简陋落后。孔子说："君子居住在那里，有什么简陋的呢？"王守仁因罪被贬龙场，龙场在夷蔡之外，如今也属于边远地区，还沿袭着过去的风俗习惯。人们都以为我来自京城，一定会嫌弃这里简陋，不能居住；然而我在此地住了好长一段时间，却很安乐，并没有见到他们所说的简陋和落后。这里的人们，结发于额头，说话似鸟语，穿着奇特的衣服。没有华丽的车子，没有高大的房子，也没有繁密的礼节，有着一种质朴、淳厚的古代遗风。这是因为古时候，法制没有完备，人们不受礼法约束，就都这个样子，不能认为是落后啊。那些当面说爱、背后说恨的，颠倒黑白、狡猾奸诈的人，外表忠厚而内心像毒虫刺人，中原华夏地区的人们大都不能免；如果是外表文质彬彬，穿戴着礼仪之邦宋国的礼帽，鲁国的大袖之衣，遵守规矩法度，就不鄙陋落后了吗？夷地的人们却不这样，他们好骂人，说粗话，但性情率真、淳朴。世人只是因为他们说话低微，就认为他们落后，我不这样认为。

我刚来的时候，没有房子居住。住在丛棘之中，则非常阻滞；迁到东峰，就着石洞住下，却又阴暗潮湿。龙场的人民，老老少少每天都来看望我，他们很高兴，不轻视我，渐渐亲近我。我曾在丛棘的右边开园种菜，人们认为我喜欢那个地方，纷纷砍伐木材，就着那块地搭建起一座轩房让我居住。我于是种上桧柏竹子，又栽上芍药等花卉，砌好堂前的台阶，置办好室内的房间，拿出琴书和图册史书，讲学诵书游乐之道大略具备了，来交往的文人学士，也慢慢聚集增多了。于是到我轩中的人，好像来到了四通八达的都市，而我也忘记了我是住在远夷之地。于是给轩取名为"何陋轩"，来伸张孔子的话。

　　唉，华夏兴盛，那些典章礼乐，经过圣贤的修订而流传下来，夷地不能拥有，那么因此称之为"陋"固然可以；此后轻贱道德而专注于法令，搜罗延揽的办法用尽了，可是人们狡猾奸诈，无所不为，浑朴的品质消失殆尽！而夷地的人民，正好比是没有雕琢的璞玉，没有经过墨线量直和加工的原木，虽然粗朴固执，可是还有待于锤子斧头的加工完善啊，怎么能够认为他们鄙陋无知呢？这正是孔子想要迁居到九夷之地的原因吗？虽然这样，但是典章文化怎么可以不加以宣讲呢？现在夷地的风俗，崇尚巫术，敬奉鬼神，轻慢礼仪，放任情感，偏离正道，不合礼节，所以最终不免于简陋的名声，自然也就没有宣讲这些了。然而这对他们浑朴的本质并没有损害。果真有君子住到这里来，开导教化他们大概很容易吧。可是我不是那种能担此重任的君子，因此写下这篇"记"，用以等待将来的人。

象祠记（戊辰）

灵博之山，有象祠焉。其下诸苗夷之居者，咸神而事之。宣慰安君，因诸苗夷之请，新其祠屋，而请记于予。予曰："毁之乎、其新之也？"曰："新之。""新之也，何居乎？"曰："斯祠之肇也，盖莫知其原。然吾诸蛮夷之居是者，自吾父吾祖溯曾高而上，皆尊奉而禋祀焉，举之而不敢废也。"予曰："胡然乎？有庳之祀，唐之人盖尝毁之。象之道，以为子则不孝，以为弟则傲。斥于唐，而犹存于今；坏于有庳，而犹盛于兹土也，胡然乎？"我知之矣。君子之爱若人也，推及于其屋之乌，而况于圣人之弟乎哉？然则祀者为舜，非为象也。意象之死，其在干羽既格之后乎？不然，古之骜桀者岂少哉？而象之祠独延于世，吾于是盖有以见舜德之至，入人之深，而流泽之远且久也。象之不仁，盖其始焉耳，又乌知其终之不见化于舜也？《书》不云乎："克谐以孝，烝烝乂，不格奸。"瞽瞍亦允若，则已化而为慈父。象犹不弟，不可以为谐。进治于善，则不至于恶；不抵于奸，则必入于善。信乎，象盖已化于舜矣！《孟子》曰："天子使吏治其国，象不得以有为也。"斯盖舜爱象之深而虑之详，所以扶持辅导之者之周也。不然，周公之圣，而管、蔡不免焉。斯可以见象之既化于舜，故能任贤使能而安于其位，泽加于其民，既死而人怀之也。诸侯之卿，命于天子，盖《周官》之制，其殆仿于舜之封象欤？吾于是盖有以信人性之善，天下无不可化之人也。然则唐人之毁之也，据象之始也；今之诸夷之奉之也，承象之终也。斯义也，吾将以表于世，使知人之不善，虽若象焉，犹可以改；而君子之修德，及其至也，虽若象之不仁，而犹可以化之也。

【译文】

灵鹫山和博南山有象的祠庙。那山下住着的许多苗民，都把他当作神祭祀。宣尉使安君，顺应苗民的请求，把祠庙的房屋重新修整，同时请我做一篇记。我说："是拆毁它呢，还是重新修整它呢？"宣慰使说："是重新修整它。"我说："重新修整它，是什么道理呢？"宣尉使说："这座祠庙的创建，大概没有人知道它的起源了。然而我们居住在这里的苗民，从我的父亲、祖父，一直追溯到曾祖父、高祖父以前，都是尊敬信奉，并诚心祭祀，不敢荒废。"我说："为什么这样呢？有庳那地方的象祠，唐朝人曾经把它毁掉了。象的为人，作为儿子就不孝，作为弟弟就傲慢。对象的祭祀，在唐朝就受斥责，可是还存留到现在；他的祠庙在有鼻被拆毁，可是在这里却还兴旺。为什么这样呢？"我懂得了！君子爱这个人，便推广到爱他屋上的乌鸦，更何况是对于圣人的弟弟呢！既然这样，那么兴建祠庙是为了舜，不是为了象啊！我猜想象的死去，大概是在舜用干舞羽舞感化了苗族之后吗？如果不是这样，那么古代凶暴乖戾的人难道还少吗？可是象的祠庙却独独能传到今世。我从这里能够看到舜的品德的高尚，进入人心的深度，和德泽流传的辽远长久。象的凶暴，在开始是这样的，又怎见得他后来不被舜感化呢？瞽瞍也能听从，那么他已经被舜感化成为慈祥的父亲了；如果象还不尊敬兄长，就不能够说是全家和睦了。他上进向善，就不至于仍是恶；不走上邪路，就说明一定会向善。象已经被舜感化了，确实是这样啊！孟子说："天子派官吏治理他的国家，象不能有所作为呢！"这大概是舜爱象爱得深，并且考虑得仔细，所以用来扶持辅导他的办法就很周到呢。从这里能够看到象被舜感化了，所以能够任用贤人，安稳地保有他的位子，把恩泽施给百姓，因此死了以后，人们怀念他啊。诸侯的卿，由天子任命，是周代的制度；这也许是

仿效舜封象的办法吧！我因此有理由相信：人的本性是善良的，天下没有不能够感化的人。既然这样，那么唐朝人拆毁象的祠庙，是根据象开始的行为；现在苗民祭祀他，是信奉象后来的表现。这个意义，我将把它向世上讲明。使人们知道：人的不善良，即使跟象一样，还能够改正；君子修养自己的品德，到了极点，即使别人跟象一样凶暴，也还能够感化他呢。

稽山书院尊经阁记（乙酉）

经，常道也。其在于天谓之命；其赋于人谓之性。其主于身谓之心。心也，性也，命也，一也。通人物，达四海，塞天地，亘古今，无有乎弗具，无有乎弗同，无有乎或变者也，是常道也。其应乎感也，则为恻隐，为羞恶，为辞让，为是非；其见于事也，则为父子之亲，为君臣之义，为夫妇之别，为长幼之序，为朋友之信。是恻隐也，羞恶也，辞让也，是非也；是亲也，义也，序也，别也，信也，一也。皆所谓心也，性也，命也。通人物，达四海，塞天地，亘古今，无有乎弗具，无有乎弗同，无有乎或变者也，是常道也。以言其阴阳消息之行焉，则谓之《易》；以言其纪纲政事之施焉，则谓之《书》；以言其歌咏性情之发焉，则谓之《诗》；以言其条理节文之着焉，则谓之《礼》；以言其欣喜和平之生焉，则谓之《乐》；以言其诚伪邪正之辨焉，则谓之《春秋》。是阴阳消息之行也，以至于诚伪邪正之辨也，一也。皆所谓心也，性也，命也。通人物，达四海，塞天地，亘古今，无有乎弗具，无有乎弗同，无有乎或变者也。夫是之谓六经。六经者非他，吾心之常道也。

故《易》也者，志吾心之阴阳消息者也；《书》也者，志吾心之纪纲政事者也；《诗》也者，志吾心之歌咏性情者也；《礼》也者，志吾心之条理节文者也；《乐》也者，志吾心之欣喜和平者也；《春秋》也者，志吾心之诚伪邪正者也。君子之于六经也，求之吾心之阴阳消息而时行焉，所以尊《易》也；求之吾心之纪纲政事而时施焉，所以尊《书》也；求之吾心之歌咏性情而时发焉，所以尊《诗》也；求之吾心之条理节文而时着焉，所以尊《礼》也；求之吾心之欣喜和平而时生焉，所以尊《乐》也；求之吾心之诚伪邪正而时辨焉，所以尊《春秋》也。

盖昔者圣人之扶人极，忧后世，而述《六经》也，犹之富家者之父祖虑其产业库藏之积，其子孙者或至于遗忘散失，卒困穷而无以自全也，而记籍其家之所有以贻之，使之世守其产业库藏之积而享用焉，以免于困穷之患。故《六经》者，吾心之记籍也，而《六经》之实则具于吾心。犹之产业库藏之实积，种种色色，具存于其家，其记籍者，特名状数目而已。而世之学者，不知求《六经》之实于吾心，而徒考索于影响之间，牵制于文义之末，硁硁然以为是《六经》矣。是犹富家之子孙不务守视享用其产业库藏之实积，日遗忘散失，至为窭人丐夫，而犹嚣嚣然指其记籍曰："斯吾产业库藏之积也！"何以异于是？呜呼！六经之学，其不明于世，非一朝一夕之故矣。尚功利，崇邪说，是谓乱经；习训诂，传记诵，没溺于浅闻小见以涂天下之耳目，是谓侮经；侈淫辞，竞诡辩，饰奸心，盗行逐世，垄断而自以为通经，是谓贼经。若是者，是并其所谓记籍者而割裂弃毁之矣，宁复之所以为尊经也乎！

越城旧有稽山书院，在卧龙西冈，荒废久矣。郡守渭南南君大吉既敷政于民，则慨然悼末学之支离，将进之以圣贤之道，于是使山阴令吴君瀛拓书院而一新之，又为"尊经"三阁于其后。曰："经正，则庶民兴；庶民兴，斯无邪慝矣。"阁成，请予一言以谂多士。予既不获辞，则为记之若是。呜呼！世之学者，得吾说而求诸其心焉，其亦庶乎知所以为尊经也矣。

【译文】

经是永恒不变的真理，它在天称为"命"，禀赋于人称为"性"，作为人身的主宰称为"心"。心、性、命，是一个东西。它沟通人与物，遍及四海，充塞天地之间，贯通往古来今，没有不具备的，没有不相同的，没有稍加改变的，所以它是永恒不变之道。它表现在人的情感里，便是恻隐之心，羞恶之心，谦让之心，是非之心；它表现在人际关系上，便是父子之亲，君臣之义，夫妇之别，兄弟之序，朋友之信。因此恻隐心、羞恶心、谦让心、是非心，也就是亲、义、序、别、信，是同样一件东西；都是心、性、命。这些都是沟通人与物，普及四海，充塞天地，贯穿古今，无处不存，无处不相同，无处可能改变的存在，即永恒不变之道。这永恒不变之道，用以阐述阴阳盛衰的运行，便称它为《易》；用以表明纪纲政事的施行，便称它为《书》；用以传达歌咏性情的感发，便称它为《诗》；用以显示体统仪节的表征，便称它为《礼》；用以宣泄欣喜和平的跃动，便称它为《乐》；用以辨别真假邪正的标准，便称它为《春秋》。因此阴阳盛衰的运行，以至于真假邪正的评价，同样是一个东西；都是心、性、命。这些都是沟通人与物，普及四海，充塞天地，贯穿古今，无处不存，无处不相同，无处可能改变的真理，唯其如此所以称为六经。六经不是别的，就是我们心中永恒不变之道。

因此《易》这部经，是记我们内心的阴阳盛衰的经；《书》这部经，是记我们心中的纪纲政事的经；《诗》这部经，是记我们心中的歌咏性情的经；《礼》这部经，是记我们心中的体统仪节的经；《乐》这部经，是记我们心中的欣喜和平的经；《春秋》这部经，是记我们心中的真假邪正的经。君子的对待六经，省察心中的阴阳盛衰而使之及时运行，这才是尊重《易》；省察心中的纪纲政事而使之及时施行，这才是尊重《书》；省察心中的歌咏性情而使之及时感发，这才是尊重《诗》；省察心中的体统仪节而使之及时表露，这才是尊重《礼》；省察心中的欣喜和平而使之及时跃动，这才是尊重《乐》；省察心中的真假邪正而及时地辨明，这才是尊重《春秋》。

古代的圣人为了匡扶人间正道，担心后世的颓败而著述六经，正如同富家的上一辈，担心他们的产业和库藏中的财富，到子孙手里会被遗忘散失，不知哪一天陷入穷困而无以自谋生活，因而记录下他们家中所有财富的账目而遗留给子孙，使他们能永世守护这些产业库藏中的财富而得以享用，以避免贫困的祸患。所以，六经是我们内心的账本，而六经的实际内容，则具备在我们内心，正如同产业库藏的财富，各种各样的具体物资，都存在家里。那账本，不过记下它们的名称品类数目罢了。而世上学六经的人，不懂得从自己的心里去探求六经的实际内容，却空自从实际之外的仿佛的形迹之中去探索，拘守于文字训诂的细枝末节，鄙陋地以为那些就是六经了，这正像富家的子孙，不致力守护和享用家中的产业库藏中的实际财富，一天天遗忘散失，而终于变成穷人乞丐，却还要指着账本，说道："这便是我家产业库藏的财富！"同这有什么两样？唉！六经之学，它的不显扬于人世，不是一朝一夕的事了。重视功利，崇奉谬论，这叫作淆乱经义；学一点文字训诂，教授章句背诵，沉陷于浅薄的知识和琐屑的见解，以掩蔽天下的耳目，这叫作侮慢经文；肆意发表放荡的论调，逞诡辩以取胜，文饰其邪恶的心术和卑劣的行为，驰骋世间以自高身价，而还自命为通晓六经，这叫作残害经书。像这样一些人，简直是连所谓账本都割裂弃废掉了，哪里还知道什么叫作尊重六经呢！

越城过去有稽山书院，在卧龙西岗，荒废已久了。知府渭南人南大吉君，在治理民政之暇，即慨然痛惜晚近学风的颓败，将使之重归于圣贤之道，于是命山阴县令吴瀛君扩大书院使之一新，又建造一座尊经阁于书院之后，说道："经学归于正途则百姓就会振发，百姓振发那便不会犯罪作恶了。"尊经阁落成，邀我写一篇文章，以晓喻广大的士子，我既推辞不掉，便为他写了这篇记。唉！世上的读书人，掌握我的主张而求理于内心，当也大致接近于知道怎么样才是真正地尊重六经的了。

送宗伯乔白岩序（辛未）

【原文】

大宗伯白岩乔先生将之南都，过阳明子而论学。阳明子曰："学贵专。"先生曰："然。予少而好弈，食忘味，寝忘寐，目无改观，耳无改听，盖一年而诎乡之人，三年而国中莫有予当者，学贵专哉！"

阳明子曰："学贵精"。先生曰："然。予长而好文词，字字而求焉，句句而鸠焉。研众史，核百氏，盖始而希迹于宋唐，终焉浸入于汉魏，学贵精战！"

阳明子曰："学贵正。"先生曰："然。予中年而好圣贤之道，弈吾悔焉，文词吾愧焉，吾无所容心矣，子以为奚若？"阳明子曰："可哉！学弈则谓之学，学文则谓之学，学道则谓之学，然而其归远也。道，大路也，外是荆棘之蹊，鲜克达矣。是故专于道，斯谓之专；精于道，斯谓之精。专于弈而不专于道，其专溺也；精于文词而不精于道，其精僻也。夫道广矣大矣，文词技能于是乎出，而以文词技能为者，去道远矣。是故非专则不能以精，非精则不能以明，非明则不能以诚，故曰'惟精唯一'。精，精也；专，一也。精则明矣，明则诚矣，是故明精之为也，诚一之基也。一，天下之大本也；精，天下之大用也。知天地之化育，而况于文词技能之末乎？"

先生曰："然哉！予将终身焉，而悔其晚也。"阳明子曰："岂易哉？公卿之不讲学也久矣。昔者卫武公年九十而犹诏于国人曰：'毋以老耄而弃予。'

先生之年半于武公，而功可倍之也，先生其不愧于武公哉！某也敢忘国士之交警？"

【译文】

礼部尚书乔白岩先生将要道南京去，到我这里讨论学问。我说："学习贵在专一。"乔先生说："对呀。我少年时喜欢下棋，以至于吃东西不知道滋味，躺在床上不想入睡，眼睛不看别的，耳朵不听别的，差不多一年的时间我的棋艺就压倒了周围的人，三年的时间，王城之内没有可以和我对抗的，这不就是学习贵在专一！"

我说："学习贵在做到精细周密。"乔先生说："对。我长大后喜欢词章，于是字字推敲求证，句句搜集整理，研究子史经集、诸子百家，开始学习的时候追求唐宋诗词的风范，最后沉浸在汉风魏碑之中，学习真是贵在做到精致！"

我说："学贵合于道。"乔先生说："对。我中年时喜欢圣贤之道，对曾经过于喜欢下棋我感到后悔，对曾经沉浸在词章中我感到惭愧，感觉到心无处安放，您认为该怎么办？"我说："好办！学下棋也叫作学，学词章也叫作学，学道也叫作学，然而最后的结果大不一样。道就像大路，此外便是荆棘丛生的小路，很少有能到达目的地的。所以专一于道，这才叫志向，把道做到极致才叫作精，只是专于下棋而不专于道，这种专一是沉迷不悟；把词章做到极致不把道做到极致，这种精就是偏离了方向。道布满了天地之间，词章和技能虽然是从道生发出来，而认为词章和技能就是道，离开道就远了。所以不能专一就无法做到极致，不能做到极致就无法明白事物的本质，无法明白事物的本质就无法达到'诚'。所以《尚书·大禹谟》说'惟精唯一'。精，精粹、极致的意思，专，专一的意思。精然后明，明然后诚，所以明是精的体现，诚是一的基础。一，是天下最大的本源；精，是天下最大的功用。连天地万物生成发育的大道都明白了，何况是词章技能那些无关轻重的事情呢？"

乔先生说："对极了！我将终身记住，只是可惜已经晚了。"

先生说："这岂是容易的啊！三公九卿已经很久了不传授掌握的知识和道理。从前卫武公九十五岁了，还告诫国人说：'自卿以下，直至大夫众士，如果在朝的，不要认为我老了就不要我，一定要在朝恭谨，早早晚晚帮助并告诫我，听到一点关于议论我的话，必然要背诵记录下来，转告给我，用来教导我。先生的年纪只有武公一半，功业却可以成倍地超过他，您与武公相比岂不是要感觉羞愧？我不敢忘记朋友间要相互告诫的道理。"

别黄宗贤归天台序（壬申）

【原文】

君子之学以明其心。其心本无昧也，而欲为之蔽，习为之害。故去蔽与害而明复，匪自外得也。心犹水也，污入之而流浊；犹鉴也，垢积之而光昧。

孔子告颜渊"克己复礼为仁"，孟轲氏谓"万物皆备于我""反身而诚"。夫己克而诚，固无待乎其外也。世儒既叛孔、孟之说，昧于《大学》"格致"之训，而徒务博乎其外，以求益乎其内，皆入污以求清，积垢以求明者也，弗可得已。守仁幼不知学，陷溺于邪僻者二十年。疾疢之余，求诸孔子、子思、孟轲之言，而恍若有见，其非守仁之能也。

宗贤于我，自为童子，即知弃去举业，励志圣贤之学。循世儒之说而穷之，愈勤而益难，非宗贤之罪也。学之难易失得也有原，吾尝为宗贤言之。宗贤于吾言，犹渴而饮，无弗入也，每见其溢于面。今既豁然，吾党之良，莫有及者。谢病去，不忍予别而需予言。夫言之而莫予听，倡之而莫予和，自今失吾助矣！吾则忍于宗贤之别而容无言乎？

宗贤归矣，为我结庐天台、雁荡之间，吾将老焉，终不使宗贤之独往也！

【译文】

君子学习知识是为了做到从自己的内心去寻找到真理。人的心体本来是清澈透明的，而欲望使它蒙蔽，养成的不易改变的行为使它损伤。所以，去除心体蒙蔽修复心体的损伤，恢复它清澈透明的样子，不是从心的外部能够做到的。心就像水，污物进入后水流就变得浑浊；就像镜子一样，灰尘积累得多了它的光明透彻就会被蒙蔽。

孔子告诫颜渊，克制自己的私欲，使言行举止符合于"礼"，就是仁。孟子说，世界万事万物都为我准备，为我所用、做到自我检束从而保持至诚的心。能够做到自我检束和保持一颗至诚的心，本来就不用等到从外部来求取。当代的学者背离了孔子和孟子言论的主旨。被《大学》"格致"的典式所蒙蔽，从而仅仅追求从外部获得知识，这都是在污水中求取清澈的水，在厚厚的灰尘中求取光明透彻，是不能做到的。我年幼的时候不知道学习圣人之学，深陷沉迷于乖谬不正中二十年。在生病期间，在孔子、子思、孟子的思想中求取知识，仿佛获得真知灼见，而不是守仁的才能。

宗贤和我相比，在童年的时候，就知道舍去科举考试，集中心思致力于做圣贤的学问，遵循经师思想不断地去学习研究力求穷尽。越发在这方面殚心积虑地想有所突破越是更加不容易，不是宗贤你的过错。做学问本来就是艰难和难免失误，我曾经和宗贤谈论过。宗贤对我说的话，像渴了喝水一样，都进入心中，流露在脸上。现在彻底晓悟，吾辈之中优秀的人，没有能够比得上他的。自请辞职离开，不忍心和我当面告别，却需要我的赠言。他演讲却没有我在听，他歌唱却没有我在和，从现在起失去了我协助！我怎么忍心看到宗贤的离开而没有要说的呢？

宗贤回去了，请替我在天台和雁荡之间的地方建一间房子，我将在那里终老，总归不让宗贤自己到那里。

《紫阳书院》集序（乙亥）

豫章熊侯世芳之守徽也，既敷政其境内，乃大新紫阳书院以明朱子之学，萃七校之秀而躬教之。于是校士程曾氏采摭书院之兴废为集，而弁以白鹿之规，明政教也。来请予言，以谂多士。

夫为学之方，白鹿之规尽矣；警劝之道，熊侯之意勤矣；兴废之故，程生之集备矣。又奚以予言为乎？然予闻之：德有本而学有要，不于其本而泛焉以从事，高之而虚无，卑之而支离，终亦流荡失宗，劳而无得矣。是故君子之学，惟求得其心。虽至于位天地，育万物，未有出于吾心之外也。孟氏所谓"学问之道无他，求其放心而已矣"者，一言以蔽之。故博学者，学此者也；审问者，问此者也；慎思者，思此者也；明辨者，辨此者也；笃行者，行此者也。心外无事，心外无理，故心外无学。是故于父，子尽吾心之仁；于君，臣尽吾心之义。言吾心之忠信，行吾心之笃敬，惩心忿，窒心欲，迁心善，改心过，处事接物，无所往而非求尽吾心以自慊也。譬之植焉，心其根也，学也者，其培拥之者也，灌溉之者也，扶植而删锄之者也，无非有事于根焉耳矣。朱子白鹿之规，首之以五教之目，次之以为学之方，又次之以处事接物之要，若各为一事而不相蒙者。斯殆朱子平日之意，所谓"随事精察而力行之，庶几一旦贯通之妙"也欤？然而世之学者往往遂失之，支离琐屑，色庄外驰，而流入于口耳声利之习，岂朱子之教使然哉？故吾因诸士之请，而特原其本以相勖，庶几乎操存讲习之有要，亦所以发明朱子未尽之意也。

【译文】

豫章府侯君熊世芳镇守徽州，在境内对民众施行教化，对紫阳书院大加整修来弘扬朱熹的理学，选拔了七个学校的优秀学生并亲自教育，于是，书院的校士程曾先生收集书院的兴废之事编为集子，并仿照白鹿书院的规章来确定管理教化的方针。请我讲几句话来训诫众多学子。

治学的方法，白鹿书院的规章制度里面已尽有了；警劝的道理，熊侯的主张够周全了；兴废的规章，程曾的集子已够完备了。我又何必多说呢？但是我听说：道德有根本，学术有关键。如果不从根本出发，而只泛泛地随意地行动，往高处讲是虚无，往低处讲是支离破碎，最终是不合规律则，失去本原，劳而无功。因此，君子治学，只在追求得到关键思想与抓住中心，虽然到了顶天立地，育化万物的境界也没有超出自己思想范围之外的。孟子所讲的学问之道，没别的，就是找回迷失了的"善心"，用一句话就能概括。所以广泛学习的人学的就是这个；对学问深入探究的人，探究的就是这；谨慎思考的，思考的就是这个；仔细辨别的，辨别的就是这个；切实执行的，执行的就是这个。心外没有别的事情。心外没有别的道理，所以心外没有别的学问。因此，对于父子之道要尽我心中的仁，对于君臣之道要尽我心中的义，说话要说明我心中的忠信，行事要行我心中的诚实敬重，警戒心中的愤恨，熄灭心中的欲望，将心灵转向善良，改正心中的过错，处事接物，没有不求尽我心力的，以此来满足自己。这好比植树，心就是树根。学习，是为了培土巩固，浇水灌溉、扶植、剪枝、锄草无非为了培育好根部。朱子白鹿书院的规章，首先立下五教的条目，其次是治学方法，再次是处事接物的准则。这些内容各自单列一条而不相混淆，大概就是朱子平日的思想，即：每件事都精心观察，然后极力实行，这样才能达到一下子融会贯通的妙境吧？但是世上的学者往往最终落得支离破碎，表面很严肃认真，内心却已偏离，

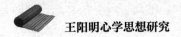

流入追求声色货利、口福之享的俗套。这难道是朱子的教义让他们这样的吗？因此，我借着大家的请求，特地指出学业的根本来勉励大家，这样在学习的时候才能抓住关键，也就是借此来阐发朱子没有完全阐发出来的意思。

答汪石潭内翰（辛未）

【原文】

　　承批教。连日疮甚，不能书，未暇请益。来教云"昨日所论乃是一大疑难"。又云"此事关系颇大，不敢不言"。仆意亦以为然，是以不能遽已。夫喜怒哀乐，情也。既曰不可，谓未发矣。喜怒哀乐之未发，则是指其本体而言，性也。斯言自子思，非程子而始有。执事既不以为然，则当自子思《中庸》始矣。喜怒哀乐之与思与知觉，皆心之所发。心统性情。性，心体也；情，心用也。程子云"心，一也。有指体而言者，寂然不动是也；有指用而言者，感而遂通是也。"斯言既无以加矣，执事姑求之体用之说。夫体用一源也，知体之所以为用，则知用之所以为体者矣。虽然，体微而难知也，用显而易见也。执事之云不亦宜乎？夫谓"自朝至暮，未尝有寂然不动之时"者，是见其用而不得其所谓体也。君子之于学也，因用以求其体。凡程子所谓"既思既是已发，既有知觉，既是动"者，皆为求中于喜怒哀乐未发之时者言也，非谓其无未发者也。朱子于未发之说，其始亦尝疑之，今其集中所与南轩论难辨析者，盖往复数十而后决，其说则今之《中庸注疏》是也。其于此亦非苟矣。独其所谓"自戒惧而约之，以至于至静之中；自谨独而精之，以至于应物之处"者，亦若过于剖析。而后之读者遂以分为两节，而疑其别有寂然不动、静而存养之时，不知常存戒慎恐惧之心，则其工夫未始有一息之间，非必自其不睹不闻而存养也。吾兄疑且于动处加工，勿使间断。动无不和，即静无不中。而所谓寂然不动之体，当自知之矣。未至而揣度之，终不免于对答说相轮耳。然朱子但有知觉者在，而未有知觉之说，则亦未莹。吾兄疑之，盖亦有见。但其所以疑之者，则有因噎废食之过，不可以不审也。君子之论，苟有以异于古，姑毋以为决然，宜且循其说而究之，极其说而果有不达也，然后从而断之，是以其辩之也明，而析之也当。盖在我者，有以得其情也。今学如吾兄，聪明超特如吾兄，深潜缜密如吾兄，而犹有未悉如此，何邪？吾兄之心，非若世之立异自高者，要在求其是而已，故敢言之无讳。有所未尽，不惜教论；不有益于兄，必有益于我也。

【译文】

承蒙您的教导。我因为连日疮痛剧烈，不能书写，所以没能及时回信向您请教。您在来信中说："之前所讨论的是一个很大的疑难问题。"又说："这个问题至关重要，需要进一步讨论清楚，所以不敢不言。"在下也认为理应如此，的确不能就此草草了之。喜怒哀乐，是人之"情"。想要保持"寂然不动"的境界，就不可动情，这种"不动情"的状态被称为"未发"。喜怒哀乐之未发，则是针对心之本体而言，也就是"性"。这个观点是子思在其所著的《中庸》中提出的，并非源自宋代的洛阳程氏。阁下既然不认同这个观点，就应当从《中庸》开始了解。喜怒哀乐，与思想，与知觉，都是心的"发用"。性，是心的本体；情，是心的发用。"本体"和"发用"源于一心，心统性情。程子云："心，体用一源。我们应对各种事物时，就心的内在本体而言，可以保持寂然不动；就心的外在发用而言，可以感知事物，进而通达事物，明白事物的本质。"程子的这段论述既然不存在争议，阁下可姑且从此处对体用之说加以了解。体用一源，如果洞悉"本体"就能明白"发用"，那么明白"发用"则能洞悉"本体"。道理虽然是这样，但本体微妙而难以洞悉，发用却是显而易见的。说到这里，令阁下疑惑的问题不就简单了嘛。您提到自己"每天从早到晚，从未有过寂然不动之时"的问题，只是由于您只看到了心的发用，却没有明白什么才是心的本体。君子做学问，是从发用来寻求其本体，由表象寻求其本质。程子所谓"既思即是已发，既有知觉，既是动"，都是针对那些刻意寻求喜怒哀乐"未发之中"的人而言的，并不是说没有人能够达到"未发之中"的境界。"已发"而能保持"中正平和"，"动"而能有"定"，依然是"未发之中"，并不是说"已发"或"动"，就不能保持"未发之中"的状态了。朱熹对于程子的未发之说，最初也曾有过怀疑，根据其文集中保存的当年他与张南轩先生辩论的文章，可以看出他的是经过与数十次回合的辩论才得出的结论，从而形成现在《中庸注疏》一书中关于此问题的观点，所以他在这个问题上的看法并非是草草得出的。只是他所说的"自戒惧而约之，以至于至静之中；自谨独而精之，以至于应物之处"，也有点剖析过当了，因此导致后世读者将操存工夫分为两节来看，怀疑应在诸事之外，另寻一个寂然不动、静而存养的时间来存养心性，而不知只要长期保持戒慎恐惧之心，就可以保持操存工夫没有片刻间断，存养心性并非必须依靠佛道的那种不睹不闻、只求虚静的修炼方式才能实现。吾兄还需在动处下工夫，操存舍亡，勿要间断。《中庸》有云："喜怒哀乐之未发，谓之中；发而皆中节，谓之和。"于动处无不和，其实就是于静处无不中，动静皆能中正平和，才能够达到"寂然不动"之境。说到这里，什么才是真正的"寂然不动"，吾兄心中应该自知了吧。倘若尚未至此境界而自意揣度，终不免如同"对塔说相轮"罢了。然而朱熹只是对这个问题有一定的知觉，却没有将此知觉形成系统的学说，所以并未阐述清楚。吾兄对此心存怀疑，也是可以理解的。但您的这种怀疑，实在有点因噎废食，不可不察啊。君子做学问，若有不同于古代先贤的观点，姑且不要妄下决断，最好先依循先贤的理论进行研究验证，如果经过验证后发现实际结果与理论不相符，然后再进行决断，这样才能辨别明白，分析妥当。即使像我这种人，也能明白这个道理。现以吾兄这样渊博的学识，吾兄这样超常的智慧，吾兄这样潜心的态度和缜密的思维，竟然还没明白这个道理，为何？我明白吾兄的内心，并不同于世上那些标新立异、自以为高明之人，只是想要通过辩论得出正确结论而已，所以才敢放胆直言而没有避讳。有不到之处，请不惜赐教。即使这样无益于吾兄，但一定是有益于我的。

时雨记堂记（丁丑）

【原文】

正德丁丑三月，奉命平漳寇，驻军上杭。旱甚，祷于行台。雨日夜，民以为未足。乃四月戊午班师，雨；明日又雨；又明日大雨。乃出田登城南之楼以观，民大悦。有司请名行台之堂为时雨，且曰：民苦于盗久，又重以旱，谓将靡遗。今始去兵革之役，而大雨适降，所谓王师若时雨，今皆有焉，请以志其实。

呜呼！民惟稼穑，德惟雨，惟天阴骘，惟皇克宪，惟将士用命，去其螣蟊，惟乃有司实耨获之，庶克有秋。予何德之有，而敢叨其功！然而乐民之乐，亦容于无纪也。巡抚都御史王守仁书。是日参政陈策、佥事胡琏至，自班师。

【译文】

正德丁丑三月，我奉皇上之命去平息福建漳州的叛乱，军队驻扎在上杭县城。

当时，上杭的旱情非常严重。我在下榻处主持祈祷降雨仪式。（果然）下了一天一夜的雨，但民众还是以为雨水不足以解除旱情。等到4月我率军胜利归来上杭时（又举行祈祷降雨仪式），下雨，第二天又下雨，第三天竟然下了场大雨（旱情得以解除），民众才高兴地出门耕田。我特地登上城南的楼上察看情况，看到了民众那兴高采烈、欢天喜地的情形。有司官员请求把我下榻处的厅堂命名为"时雨堂"，并且说：民众苦于匪盗之乱已久，又加上严重旱情，眼看将要背井离乡，流离失所。如今才打完一场战争，而大雨就顺时降下，这正可谓国军就像顺时而降的雨水，现在都得到完全验证，请记录下这件事实。

唉！只要民众努力生产精耕细作，只要品行端正能化为甘霖，只要遵循天道能积存阴德，只要皇上能实施法令，只要三军将士愿意卫国为民舍生忘死，只要消灭那些田中害虫喜获丰收，民众是能平安度过小日子的。而我有什么德能，敢于承受这份功名？当然为了民众的欢乐而高兴，也是合乎上天的道义的。巡抚都御史王守仁书。这一天参政陈策、佥事胡琏到上杭接防，我可班师回朝。

参考文献

[1] 彭达池.周敦颐 [M].西安：陕西师范大学出版社，2016.

[2] 成贵.陆九渊 [M].西安：陕西师范大学出版社，2016.

[3] 周永生，刘豫徽.惠能 [M].西安：陕西师范大学出版社，2016.

[4] 宣朝庆.张载 [M].西安：陕西师范大学出版社，2016.

[5] 潘富恩.程颐　程颢 [M].西安：陕西师范大学出版社，2017.

[6] 孙婧，张祥浩.王阳明 [M].西安：陕西师范大学出版社，2016.

[7] ［日］冈田武彦.王阳明大传：知行合一的心学智慧 [M].重庆：重庆出版社，2015.

[8] 张红卫.由凡至圣：阳明心学工夫散论 [M].北京：生活·读书·新知三联书店，2016.

[9] 陈来.有无之境：王阳明的哲学精神 [M].北京：生活·读书·新知三联书店，2014.

[10] 杨立华.宋明理学十五讲 [M].北京：北京大学出版社，2015.

[11] 杨光.王阳明全集 [M].北京：燕山出版社，2009.

[12] 王传龙.阳明心学流衍考 [M].厦门：厦门大学出版社，2015.

[13] 董平.传奇王阳明 [M].北京：商务印书馆，2013.

[14] 邓艾民.传习录注疏 [M].上海：上海古籍出版社，2015.

[15] 陈明.王阳明全集 [M].武汉：华中科技大学出版社，2017.

[16] 杨惠南.直通现代心灵的佛法：六祖坛经 [M].北京：中国友谊出版社，2017.

[17] 陈荣捷.王阳明《传习录》详注集评 [M].重庆：重庆出版社，2017.

[18] 王阳明.传习录 [M].叶圣陶点校，北京：北京时代华文书局，2014.

[19] 邢舒绪.陆九渊研究 [M].北京：人民出版社,2008.

[20] 杨国荣.心学之思：王明明哲学的阐释 [M].北京：中国人民大学出版社,2009.

[21] 蒋维乔.中国佛教史 [M].北京：金城出版社,2014.

[22] 杜继文.佛教史 [M].南京：江苏人民出版社,2008.

[23] 卿希泰,唐大潮.道教史 [M].南京：江苏人民出版社,2006.

[24] 李申.儒教简史 [M].桂林：广西师范大学出版社,2003.

[25] 傅佩荣.傅佩荣译解老子 [M].北京：东方出版社,2012.

后 记

　　阳明心学是高尚醇美之学，是对儒学的继承和创新，是宋明理学的核心要素之一，是中国优秀传统文化的重要组成部分。本书把阳明文化渊源、王阳明先生的生平、《传习录》及阳明先生的其他著作融合在一起，就是想让对阳明心学思想感兴趣的朋友能系统地了解阳明先生，能够真切地体味到先生倡导的"知行合一""致良知"思想的深意。

　　本书得以出版，得到王学先生的倾力相助，得到众多同事及朋友的帮助，得到中共贵阳市委党校、中共贵阳市委讲师团、中共贵阳市委宣传部的大力支持，同时本书借鉴和参考了有关学者的观点，在此深表谢意！

　　由于水平所限，书中恐有疏漏和不当之处，恳请专家学者及读者不吝赐教。

作　者

2020年11月